Unterrichtsmodell

Thomas Mann

Bekenntnisse des Hochstaplers Felix Krull

Erarbeitet von
Franz Waldherr

Herausgegeben von
Johannes Diekhans

Schöningh

EINFACH DEUTSCH

Baustein 5: „Felix Krull“ als mythologischer Roman (S. 57–70 im Modell)			
5.1	Das Spiel mit der Mythologie – Felix Krull als Hermes	II, 9; S. 175–190 gesamter Roman	Textarbeit Folienbild Arbeitsblatt 12
5.2	Ich- und Weltliebe des Narziss	I, 2; S. 15 gesamter Roman	Textarbeit Arbeitsblatt 13 Schreibauftrag
5.3	Professor Kuckuck	III, 5; S. 261–287 III, 11; S. 386f. gesamter Roman	Textarbeit Arbeitsblatt 14

Baustein 6: Erzählweise des Romans (S. 71–81 im Modell)			
6.1	Motivebenen des „Felix Krull“	gesamter Roman	Folienbild
6.2	Die Technik der Montage	gesamter Roman	Schreibauftrag Arbeitsblatt 15–16
6.3	Das Spiel des Erzählers mit dem Leser	I, 1; S. 7f. III, 10; S. 73 gesamter Roman	Textarbeit Folienbild
6.4	Der Stil des Romans als „heikelstes Balancestück“	II, 9; S. 178f. gesamter Roman	Textarbeit Folienbild Arbeitsblatt 17

Baustein 7: Werkgeschichte und Deutungsansätze (S. 82–94 im Modell)			
7.1	Entstehung	I, 4; S. 24–27 gesamter Roman	Textarbeit Arbeitsblatt 18
7.2	Wirkung und Wertung	gesamter Roman Verfilmung von 1957 mit Horst Buchholz in der Hauptrolle	Textarbeit Arbeitsblatt 19–22 Schreibauftrag

„Bekenntnisse des Hochstaplers Felix Krull“

Baustein 1: Zugänge zum Roman (S. 19–25 im Modell)

1.1	Vertiefung der ersten Leseeindrücke	gesamter Romantext	Figurenrequisiten Schreibauftrag
1.2	Thematische Orientierung und Handlungsübersicht	gesamter Romantext	Gruppenarbeit Arbeitsblatt 1–2
1.3	Die Müller-Rosé-Episode	I, 5; S. 27–36	Textarbeit szenische Montage Schreibauftrag

Baustein 2: „Felix Krull“ als pikarischer Roman (S. 26–38 im Modell)

2.1	Merkmale und Geschichte des pikarischen Romans	gesamter Roman Sekundärtext	Textarbeit Arbeitsblatt 3
2.2	Grimmelshausens „Simplicissimus“ (1668)	II, 9; S. 175–190	Textarbeit Arbeitsblatt 4–5
2.3	Gesellschaftskritik im „Felix Krull“	III, 3; S. 231 gesamter Roman	Textarbeit Arbeitsblatt 6

Baustein 3: „Felix Krull“ als Parodie auf den Bildungsroman (S. 39–50 im Modell)

3.1	Der klassische Bildungsroman	II, 4; S. 80 gesamter Roman	Textarbeit Arbeitsblatt 7
3.2	Parodie der Bekenntnis-literatur	I, 1; S. 7f.	Textarbeit Arbeitsblatt 8–9
3.3	„Felix Krull“ im Kontext einer Geschichte des Romans	gesamter Roman	Folienbilder Arbeitsblatt 10

Baustein 4: „Felix Krull“ als Künstlerroman (S. 51–56 im Modell)

4.1	Krulls Leben als ästhetische Existenz	Sekundärtext	Folienbild Textarbeit Arbeitsblatt 11
4.2	„Theatrum mundi“ – Die Welt als Bühne	I, 3; S. 21–24 I, 6; S. 36–47 II, 6; S. 90–112 gesamter Roman	Textarbeit
4.3	Andromache – Spiegelbild des späten Felix Krull	III, 1; S. 191–205	Textarbeit

Bildnachweis:

9, 37, 48, 78, 79 li. o. und u., re. u., 89, 99, 102: © Keystone/Thomas-Mann-Archiv – **67 li.**: Aus: Heinrich Bulle: Der schöne Mensch im Altertum. München: Hirth 1922 – **67 re. o.**: Archaeological Museum of Ancient Olympia, Greece. Foto: Lucretious – **67 u.**: Wikimedia – **68 li. o.**: Nationalmuseum Neapel, Foto: Alinari – **68 li. u.**: Walker Art Gallery, Liverpool – **68 re.**: akg-images/Pirozzi – **79 re. o.**: picture-alliance/akg-images – **91**: Cinetext Bildarchiv – **93**: Foto: Archiv S. Fischer Verlag, Frankfurt

www.schoeningh-schulbuch.de
Schöningh Verlag, Jühenplatz 1–3, 33098 Paderborn

Druck A 5 4 3 2 1 / Jahr 2011 10 09 08 07
Alle Drucke der Serie A sind im Unterricht parallel verwendbar.
Die letzte Zahl bezeichnet das Jahr dieses Druckes.

Umschlaggestaltung: Peter Wypior, Bad Driburg
Umschlagmotiv: Foto: Archiv S. Fischer Verlag, Frankfurt
Druck und Bindung: AZ Druck und Datentechnik GmbH/Kempten (Allgäu)

ISBN 978-3-14-022383-6

Vorwort

Der vorliegende Band ist Teil einer Reihe, die Lehrerinnen und Lehrern erprobte und an den Bedürfnissen der Schulpraxis orientierte Unterrichtsmodelle zu ausgewählten Ganzschriften und weiteren relevanten Themen des Faches Deutsch bietet.
Im Mittelpunkt der Modelle stehen Bausteine, die jeweils thematische Schwerpunkte mit entsprechenden Untergliederungen beinhalten.
In übersichtlich gestalteter Form erhält der Benutzer/die Benutzerin zunächst einen Überblick zu den im Modell ausführlich behandelten Bausteinen.

Es folgen:

- Hinweise zu den Handlungsträgern
- Zusammenfassung des Inhalts und der Handlungsstruktur
- Vorüberlegungen zum Einsatz des Buches im Unterricht
- Hinweise zur Konzeption des Modells
- Ausführliche Darstellung der einzelnen Bausteine
- Zusatzmaterialien

Ein besonderes Merkmal der Unterrichtsmodelle ist die Praxisorientierung. Enthalten sind kopierfähige Arbeitsblätter, Vorschläge für Klassen- und Kursarbeiten, Tafelbilder, konkrete Arbeitsaufträge, Projektvorschläge. Handlungsorientierte Methoden sind in gleicher Weise berücksichtigt wie eher traditionelle Verfahren der Texterschließung und -bearbeitung.
Das Bausteinprinzip ermöglicht es dabei den Benutzern, Unterrichtsreihen in unterschiedlicher Weise und mit unterschiedlichen thematischen Akzentuierungen zu konzipieren. Auf diese Weise erleichtern die Modelle die Unterrichtsvorbereitung und tragen zu einer Entlastung der Lehrkräfte bei.

Das vorliegende Modell bezieht sich auf folgende Textausgabe: Thomas Mann: Bekenntnisse des Hochstaplers Felix Krull. Frankfurt/Main: Fischer Taschenbuch Verlag 2003.
ISBN: 3-596-29429-0

Arbeitsfrage
Einzelarbeit
Partnerarbeit
Gruppenarb
Unterrichts-gespräch
Schreibauftr
szenisches Spiel, Rollenspiel
Mal- und Zeichenauft
Bastelauftrag
Projekt, offe Aufgabe

Inhaltsverzeichnis

Bekenntnisse des Hochstaplers Felix Krull

„‚Welche Bücher lesen Sie zu Ihrem Vergnügen?' – ‚Die Bücher, die in mir die stärksten Gefühle auslösen: Faulkner, Thomas Mann, Malcolm Lowry.'"

Michael Foucault

„Man kann, was man will, von Mann nehmen, es ist alles auf verblüffende Weise leicht, also frei von Langeweile und gedankenreich, folglich auch amüsant."

Jurek Becker

„Eine Kunst, deren Mittel die Sprache ist, wird immer ein in hohem Grade kritisches Schöpfertum zeitigen, denn Sprache selbst ist Kritik des Lebens: sie nennt, sie trifft, sie bezeichnet und richtet, indem sie lebendig macht."

Thomas Mann

Thomas Mann, Porträtradierung von Max Liebermann, 1925

Inhalt des Romans

Thomas Mann selbst hat folgendermaßen in seinen Roman eingeführt:
„Die Erzählung, in Memoirenform vorgetragen, gehört zum Typ und zur Tradition des Abenteuerromans, dessen deutsches Urbild der ‚Simplicius Simplizissimus' ist. Sie spielt gegen Ende des neunzehnten Jahrhunderts, und ihr Held, dieser Felix Krull, ist ein junger Mann von etwas zweifelhafter Herkunft, Sohn eines bankrotten Schaumweinfabrikanten, der durch Selbstmord endet. Der Junge, von der Natur sehr freundlich ausgestattet, sehr hübsch, sehr gewinnend, ist eine Art Künstlernatur [...] und von Anfang an darauf aus, sich selbst zur Illusion, zu einem Lebensreiz zu machen. [...] Von Natur aus fühlt er sich als bevorteilt und vornehm, ist es aber nicht seinem gesellschaftlichen Range nach und korrigiert diesen ungerechten Zufall durch eine seiner Anmut sehr leicht fallende Täuschung, durch Illusion.
Nach dem Tode seine Vaters in der rheinischen Provinzstadt eröffnet seine Mutter in Frankfurt am Main eine kleine Fremdenpension, und der Junge, der nie mit einer Schule fertig geworden ist, treibt sich schauend, gierig die Bilder der Welt in sich aufnehmend, auf die eine oder die andere Weise ein bisschen Geld verdienend in der großen Stadt herum. Vom Militärdienst, als die Stunde kommt, simuliert er sich auf geniale Weise frei (denn Krankheit vorzutäuschen ist er sogar besonders begabt) und kann nun also, zirka neunzehnjährig, in Paris eine Stellung antreten, die ihm sein Pate, ein schrulliger Maler, durch seine Verbindung in einem großen Hotel verschafft hat. Auf der Reise, bei der Douane, entwendet er einer Dame ein Juwelenkästchen und hat, als Liftboy, dann mit dieser Dame ein noch weiter einträgliches Liebesverhältnis. Vom Lift wird er nach einiger Zeit als Kellner in den Speisesaal versetzt und lernt dort einen jungen Luxemburger Aristokraten kennen, einen Marquis de Venosta, der häufig das Restaurant besucht, entweder allein oder mit seiner Geliebten, einer reizenden kleinen Chanteuse namens Zaza. Der junge Marquis, reicher Leute Sohn, der in Paris ein bisschen die Malerei betreibt, hat es sich in den Kopf gesetzt, das Persönchen zu heiraten, wovon seine Eltern Wind bekommen und, entsetzt über die beabsichtigte Mesalliance, ihn davon abzuhalten suchen. Um ihn auf andere Gedanken zu bringen, ihn aus Paris zu entfernen und ihn von Zaza loszumachen, schreiben sie ihm eine einjährige Weltreise vor, in die er, da ihm sonst Enterbung droht, willigt. Er ist aber verzweifelt und sucht nach einem Ausweg, der es ihm ermöglicht, heimlich bei seiner Geliebten zu bleiben. So kommt es zu einer Verabredung zwischen ihm und Felix, von dem er wie alle Welt sehr angetan ist, dass dieser statt seiner, unter seinem Namen, als Marquis de Venosta, ausgerüstet mit seinen Kreditbriefen, die Reise machen soll, während Louis selbst sich mit seiner Zaza in einer Pariser Vorstadt verborgen hält. [...]"[1]

Erste Station der Welt- und „Bildungsreise", die Felix Krull nach dem Existenztausch unternimmt, ist Lissabon. Auf dem Weg dorthin macht er im Zug die Bekanntschaft des Paläontologen Professor Kuckuck, der ihn in Lissabon in sein Haus einführt.
Als Marquis de Venosta findet Felix Krull Zugang zur Gesellschaft, wird sogar zur Audienz beim König vorgelassen und erobert schließlich Zouzou, die Tochter des Professors, und dessen Frau, Senhora Kuckuck. Hier schließt der erste Teil der Memoiren.

Für eine Fortsetzung des Romans hatte Thomas Mann einige Ideen gesammelt, die im Wesentlichen auf die erste Arbeitsperiode am Roman vor dem Ersten Weltkrieg zurückgehen,

[1] Aus: Einführung in ein Kapitel der „Bekenntnisse des Hochstaplers Felix Krull", 1953. In: Gesammelte Werke (GW), Band XI. Frankfurt/M.: Fischer Verlag 1974, S. 704ff.

aber wohl nicht ernsthaft realisiert werden sollten. Katja Mann, die Witwe Thomas Manns, gibt in zwei Briefen Auskunft über eine mögliche Fortführung des Romans:

Katja Mann an Pavel Eisner Kilchberg, 16.12.1956
Von der Fortsetzung des Krull ist nicht eine Zeile vorhanden. Nach Beendigung des ersten Teils wandte er sich sofort dem großen Schiller-Essay zu [...].

Katja Mann an Pavel Eisner Forte di Marmi, 7.8.1957
[...] Einiges „Material", Zeitungsausschnitte, Bilder aus Illustrierten, sorgfältig zusammengebündelt und mit Aufschriften wie „Elegante Welt" versehen, ist vorhanden; er hat es durch all die Jahrzehnte mit sich geführt und es befindet sich im Zürcher T.M. Archiv. Die Weltreise sollte aber sehr verkürzt werden, wohl weil sie ins Unabsehbare geführt und zu viel Studium erfordert hätte. Ich glaube, sie sollte sich im Wesentlichen auf Argentinien beschränken mit einem Geschwisterpaar als „Doppelgestirn", das ja andeutungsweise schon erwähnt ist. Nach einigen weiteren Abenteuern sollte dann eine Eheepisode kommen, mit einem zarten, gar nicht recht auf der Erde wurzelnden Frauchen, einem „Kinderzähnchen", wie er das nannte, die bald an Schwindsucht sterben sollte; dann eine Zuchthaus-Episode, zu der er auch schon eingehende Studien gemacht hatte, und nach seiner Entlassung sollte er sich mit einer kleinen Erbschaft, die Pate Schimmelpreester ihm hinterlassen, unter anderem Namen in England zur Ruhe setzen.
Das ist ein äußerst mageres Gerippe, aber ich fürchte, mehr weiß ich nicht.[1]

Handlungsübersicht

Erstes Buch

Seite	Buch, Kapitel	Ort	Inhalt	Reflexion des Ich-Erzählers zum Thema:
7–11	I, 1	Eltville	Die Familie Krull	Schreibsituation
11–17	I, 2		Kindheit – Experimente und Spekulationen	Schlaf und Traum
17–24	I, 3		Gesellschaften im Hause Krull/Violinspiel	
24–27	I, 4		Pate Schimmelpreester – Modell stehen	
27–36	I, 5		Müller-Rosé	„Gefälligkeitszauber"
36–47	I, 6		Simulation von (Schul-) Krankheit	
47–51	I, 7		Diebstahl von Süßigkeiten	
52–56	I, 8		Liebeserlebnis mit Genovefa	Sexualität
56–62	I, 9		Zerfall der Familie	

[1] Briefe zit. nach: Hans Wysling (Hrg.): Thomas Mann. Selbstkommentare. Frankfurt/M.: Fischer Taschenbuch Verlag 1989, S. 157

Zweites Buch

Seite	Buch, Kapitel	Ort	Inhalt	Reflexion des Ich-Erzählers zum Thema:
63–64	II, 1	–	Reflexion auf die Fortsetzung der Memoiren	
65–71	II, 2	Eltville	Beerdigung des Vaters durch den Rat Chateau	Ästhetik des Katholizismus
71–77	II, 3		Schimmelpreesters Pläne für die Zukunft der Familie	
77–90	II, 4	Frankfurt	Felix Krull als Flaneur	Glück des Schauens
90–112	II, 5		Musterungsszene	
113–125	II, 6		Felix Krull in der Liebesschule Rozsas und als Zuhälter	Rechtfertigung des Immoralismus
125–143	II, 7	Paris	Diebstahl an der Grenze und Dienststellung im Hotel	
144–174	II, 8		Gespräche mit Stanko und Stürzli; Verkauf der Juwelen und Einkäufe	
175–190	II, 9		Liebesnacht mit Madame Houpflé	

Drittes Buch

Seite	Buch, Kapitel	Ort	Inhalt	Reflexion des Ich-Erzählers zum Thema:
191–205	III, 1		Cirkus Stoudebecker: Andromache	Magie des Künstlertums
205–231	III, 2		Begegnung mit den Twentymans und Lord Kilmarnock	
231–238	III, 3		Doppelleben: Bekanntschaft mit dem Marquis de Venosta und Zaza	Gedanken der „Vertauschbarkeit"
238–261	III, 4		Vorbereitung des Rollentauschs	
261–287	III, 5		Existenzwechsel und Nachtfahrt mit Professor Kuckuck	Das Sein und der Mensch als Episode zwischen „Nichts und Nichts"
288–310	III, 6	Lissabon	Erkundung der Stadt und Begegnung mit Mme. Kuckuck und Zouzou	Reiselust und Lebensfreude; Reize des Doppelbildes
310–320	III, 7		Im Naturkundemuseum	Formen und Entwicklungsstufen des Lebens
320–334	III, 8		Einführung in die Familie Kuckuck und Besuch des botanischen Gartens	Gespräch über die Liebe
334–364	III, 9		Brief über die Audienz beim König; Tennisspiel mit Zouzou und Annäherungsversuche; Antwortbrief der Mutter	„Legitimation" aristokratischer Lebensart
364–382	III, 10		Werben um Zouzou: Diskurs über die Liebe im Kreuzgang des Klosters Belem	Das Wesen der Liebe
382–399	III, 11		Stierkampfarena: Ribeiro und das „reizende" Doppelbild von Mutter und Tochter	Kultspiel des Lebens

Vorüberlegungen zum Einsatz des Romans im Unterricht

Neben der literaturgeschichtlichen Bedeutung des Autors gibt es weitere wesentliche **Gründe**, gerade die „Bekenntnisse des Hochstaplers Felix Krull" für eine Bearbeitung im Unterricht auszuwählen. Seit 1905 geplant, thematisch aber noch weiter zurückreichend, und 1954 vollendet bildet der Roman einen Rahmen um Thomas Manns gesamtes Werk. Die „Bekenntnisse des Hochstaplers Felix Krull" führen mit ihren philosophischen Überlegungen, ihren Themen und Motiven in das Zentrum von Thomas Manns Schaffen. So werfen sie etwa die Frage nach der Existenzform des Künstlers auf und damit das Problem der Identität. Auch zeigen die „Bekenntnisse" das Verhältnis Thomas Manns zur geistes- und literaturgeschichtlichen Tradition, indem dieser seinen Roman in die Linien des pikarischen Romans und der autobiographischen Bekenntnisliteratur des 18. Jahrhunderts setzt. Auch das von Thomas Mann früh favorisierte Spiel mit dem Mythos findet seinen Ausdruck im Roman, wenn etwa der Hochstapler Felix Krull als Hermes zum göttlichen Schelm ausgestaltet wird. Eine weitere Besonderheit des „Felix Krull" im Rahmen des Gesamtwerkes stellt die Tatsache dar, dass nahezu sämtliche Notizen und Arbeitsmaterialien zum Roman erhalten sind, sodass den Schülern an ausgewählten Beispielen die Arbeitsweise Thomas Manns veranschaulicht werden kann.
Der besonderen Eignung des Romans für den Unterricht, die sich vor allem aus seiner Stellung im Gesamtwerk Thomas Manns ergibt, stehen einige pragmatische **Vorbehalte** gegenüber: Die Länge des eher handlungsarmen Romans und seine thematische Komplexität stellen die Schüler vor eine hohe Leseanforderung, die man nicht durch eine schrittweise und unterrichtsbegleitende Lektüre reduzieren kann, da die einzelnen Themen des Romans von Beginn an in Variationen entfaltet werden. Ein für die Schüler überschaubarer interpretativer Zugang (vgl. die Bausteine 2 bis 5) setzt die Kenntnis der gesamten Lektüre vor Unterrichtsbeginn voraus. Unter Umständen kann der Unterrichtende vor dem Austeilen der Lektüre eine Einführung in den Roman geben, die einige Hinweise zum Autor und zur Entstehung des Textes enthält, den Handlungsrahmen skizziert und möglicherweise sogar im Sinne des antizipierenden Lesens mit einer gemeinsamen Lektüre und Analyse der Müller-Rosé-Episode (S. 27–36; vgl. Baustein 1.3) abgeschlossen wird.
Das **Ziel** der unterrichtlichen Arbeit am Roman sollte es zunächst sein, die sich beim ersten Lesen aufbauende Identifikation mit Felix Krull, das vergnügte Einverständnis mit dem charmanten Gauner, die Lust an der perfekten Simulation und am täuschenden Spiel in unterschiedlichen Rollen aufrechtzuerhalten. Darüber hinaus müssen die literarischen Ansprüche, die die amüsante Hochstaplergeschichte stellt, im Unterricht erfasst werden. Auf der Folie des leichten und populären Unterhaltungsromans werden den Schülern die Substrate der Hochstaplergeschichte vermittelt, sodass der „Felix Krull" am Ende auch als Schelmenroman (vgl. Baustein 2), als Parodie auf den Bildungsroman (vgl. Baustein 3) und den Künstlerroman (vgl. Baustein 4) sowie als mythologischer Roman (vgl. Baustein 5) gelesen werden kann.
Die **Vermittlung** dieser Ziele kann aufgrund der Länge und der Vielschichtigkeit des Romans nicht durch einen Unterricht geleistet werden, der sich linear am Erzählverlauf orientiert und die einzelnen Kapitel gleichermaßen intensiv bearbeitet. Grundlage der Erarbeitung des Romans ist vielmehr die Analyse zentraler Kapitel im Sinne der Kernstellenanalyse, die durch Sekundärtexte und Querverweise auf weitere Textstellen gestützt wird.
Einige Unterrichtsvorschläge des vorliegenden Modells eignen sich zur Bearbeitung im Rahmen von **Klausuren**:

- Die vielschichtige Konzeption des Romans wird bereits im vierten Kapitel des ersten Buches (S. 24–27) deutlich, sodass sich dieses Kapitel für eine exemplarische Analyse besonders gut eignet. Der Analyseauftrag mit einer Beschreibung der zu erwartenden Schülerleistung findet sich in Baustein 7.1 (S. 81). Voraussetzung für die Klausur ist eine Bearbeitung der Bausteine 2 bis 5.

- Thomas Mann kommentiert 1954 die Entstehung seines Romans und äußert sich zu dessen Bedeutung. Der entsprechende Text findet sich zusammen mit einigen Bearbeitungsvorschlägen auf dem Arbeitsblatt 19 (S. 90). Das Zusatzmaterial 7 eignet sich in diesem Zusammenhang, um die Anforderungen an eine Sachtextanalyse zu wiederholen. Auch für diese Klausur sollten die Bausteine 2 bis 5 bearbeitet worden sein.

- Die für Thomas Mann charakteristische Künstlerproblematik kann durch eine Klausur zur Figur der Andromache aufgegriffen werden. In Andromache spiegelt Felix Krull seine eigene Existenz als „Künstler". Die Begegnung mit Andromache wird im ersten Kapitel des dritten Buches (S. 191–205) geschildert und im Zusammenhang mit der Müller-Rosé-Episode (I, 5; S. 27–36) analysiert. Arbeitsaufträge und zu erwartende Ergebnisse finden sich im Baustein 4.3 (S. 54) des vorliegenden Modells. Die Bausteine 1.3 sowie 4.1 und 4.2 sollten vor der Klausur bearbeitet worden sein.

- Ein Vergleich der Madame-Houpflé-Episode (II, 9; S. 175–190) mit einem Auszug aus Grimmelshausen „Simplicissimus" eröffnet Bezüge zur Lesart des „Felix Krull" als pikarischer und als mythologischer Roman. Ein entsprechender Klausurvorschlag findet sich auf dem Arbeitsblatt 5. Die Bearbeitung der Bausteine 2 und 5 bildet die Voraussetzung der Klausur.

Konzeption des Unterrichtsmodells

Die „Bekenntnisse des Hochstaplers Felix Krull" umfassen eine mehrere Jahrzehnte währende Entstehungszeit. Nach einer Phase der Konzeption von cirka 1905 bis 1910 reicht die erste Arbeitsperiode von 1910 bis 1913, die allerdings von Juli 1911 bis Juli 1912 zugunsten der Novelle „Der Tod in Venedig" unterbrochen wurde. Immer wieder wird in den folgenden Jahren die Weiterarbeit ins Auge gefasst, aber erst zwischen 1951 und 1954 schließt Thomas Mann den ersten Teil der Memoiren ab.
Angesichts der langen Entstehungszeit darf der Roman ein besonderes Interesse innerhalb des Gesamtwerks von Thomas Mann beanspruchen. Seine Wurzeln reichen bis in die Zeit des „Tonio Kröger" zurück, und er bildet einen Rahmen um das gesamte Schaffen Thomas Manns. Die Besprechung des Romans im Unterricht ermöglicht es, auf Konstanten im Werk Thomas Manns hinzuweisen, die auch den „Felix Krull" – trotz seiner ungewöhnlichen Werkgeschichte – als Einheit erscheinen lassen. So dokumentiert der Roman die lebenslange Auseinandersetzung Thomas Manns mit dem Wesen des Künstlertums, er parodiert mit den Mitteln des Schelmenromans die autobiografische Literatur des 18. Jahrhunderts und schließlich veranschaulicht der Roman das Interesse Thomas Manns am Mythos. Insgesamt gerät der letzte Roman Thomas Manns zu einer indirekten Autobiografie, in der der Autor mit seinen philosophischen Überzeugungen, seinen Themen und Motiven spielt und so eine – eher heitere – Summe seiner Existenz zieht.
Der Vielschichtigkeit des Werkes kann der konkrete Unterricht nur annähernd gerecht werden. Das hier vorgestellte Modell will zu einem exemplarischen Zugang zum Roman verhelfen, indem vier Lesarten des Romans, die Thomas Mann in verschiedenen Kommentaren zu seinem Werk selber anführt, in das Zentrum der unterrichtlichen Arbeit an dem Roman gerückt werden (vgl. dazu die Bausteine 2 bis 5).

Im **Baustein 1** geht es zunächst darum, die ersten Leseeindrücke der Schülerinnen und Schüler aufzunehmen und zu vertiefen. Mithilfe von Figurenrequisiten und einem Schreibauftrag für eine Gruppenarbeit konkretisieren die Schüler ihren Zugang zur Hauptfigur und zum Roman insgesamt. Im Folgenden (vgl. Baustein 1.2) dienen verschiedene methodische Verfahren dazu, die ersten Leseeindrücke zur Grundlage für eine systematische Erarbeitung des Romans zu machen. Als Ergebnis dieser Arbeitsphase sind konkret ausgearbeitete Themen- und Bearbeitungsvorschläge möglich, die in die Unterrichtsplanung einbezogen werden können. Mit Baustein 1.3 wird ein zentrales Kapitel des Romans bearbeitet. Die Müller-Rosé-Episode (I, 5; S. 27–36) bildet die erste Teilveröffentlichung aus dem „Felix Krull". In ihr klingt das Thema von Schein und Sein an, und für den gesamten Roman wirkt die Episode wie eine Selbsterklärung des „Felix Krull". Die Textstelle eignet sich deshalb besonders für den Einstieg in die Romananalyse.

Baustein 2 weist die „Bekenntnisse des Hochstaplers Felix Krull" als pikarischen Roman aus. Es war Thomas Mann selbst, der seinen Roman in die Tradition des europäischen pikarischen Romans gestellt hat. Ohne Zweifel erfasst man ein wesentliches Charakteristikum des „Felix Krull", wenn man ihn dem Romantyp des Schelmenromans zuordnet. Felix Krull erfüllt viele Eigenschaften des Schelms, so wie ihn die Tradition des pikarischen Romans herausgebildet hat. Er ist von zweifelhafter Herkunft, er ist auf sich allein gestellt und schlägt sich mit Schlauheit durch die Welt. Der Schelm erzählt von seiner „Weltfahrt" rückblickend in Form einer fiktiven Autobiographie. Dabei bedingt die soziale Stellung des Helden meistens eine Perspektive von unten, was in der Regel gesellschaftskritische Elemente impliziert. Der Schelm

tritt benachteiligt in das Leben ein, verschafft sich aber auf seine Weise Gerechtigkeit und sichert sich so die Sympathie der Leser.
Im ersten Teil des Bausteins (2.1) wird der Schelmenroman definiert, die Parallelen des „Felix Krull" zum Gattungstyp des Schelmenromans werden herausgearbeitet. Ebenso soll deutlich werden, inwiefern Thomas Manns Text über eine schematische Entsprechung zum Typ des Schelmenromans hinausgeht. Die Bezüge zu Grimmelshausens „Simplicissimus" werden unter 2.2 hergestellt. Dabei ergeben sich Parallelen formaler Art wie auch inhaltliche Gemeinsamkeiten zwischen den Romanen Grimmelshausens und Thomas Manns.
Der abschließende Teil 2.3 verweist auf die 1905 erschienenen Memoiren des rumänischen Hochstaplers Georges Manolescu, die einen ersten Anstoß zur Konzeption des „Felix Krull" gaben. Der Vergleich der Memoiren mit Thomas Manns Roman wird unter dem Aspekt der Gesellschaftskritik in beiden Texten konkretisiert.

Unabhängig von seiner Nähe zum Romantyp des Schelmenromans wächst sich der „Felix Krull" im Laufe der Jahre seiner Entstehung „zu einem vieles aufnehmenden humoristisch-parodistischen Bildungsroman"[1] (Thomas Mann, 1954) aus.

Dies ist Thema von **Baustein 3.** Tatsächlich finden sich viele Textstellen im Roman, in denen sich Felix als „Bildungsreisende[r]" (S. 384) gebärdet, der sich schon als Jüngling strebend und sich „bildend" (S. 37) um seine Entwicklung bemüht. Dabei liegt es auf der Hand, dass Thomas Mann den humanistischen Bildungsgedanken der Goethezeit ironisch in Anspruch nimmt. So wird es kein Zufall sein, dass der Romanheld den Vornamen des Sohnes von Goethes „Wilhelm Meister" trägt. Thomas Mann verschränkt den Schelmenroman mit dem Bildungsroman und parodiert dabei Letzteren, indem er die kriminelle Karriere Felix Krulls in einen „Wilhelm-Meisterlichen" Bildungsprozess umfunktioniert. Neben dem „Wilhelm Meister" sind auch Goethes „Dichtung und Wahrheit" und Rousseaus „Confessions" literarische Vorbilder für ironische und parodistische Anspielungen.
Am Beispiel von Goethes „Wilhelm Meister" werden im ersten Teil des Bausteins (3.1) die formalen und inhaltlichen Merkmale des klassischen Bildungsromans erarbeitet und auf den „Felix Krull" bezogen.
Unter 3.2 wird der Roman Thomas Manns, der sich selbst schon sehr früh in der Tradition der großen autobiographischen Literatur gesehen hat, als Parodie auf die Bekenntnisliteratur des 18. Jahrhunderts gelesen.
Im dritten Teil des Bausteins (3.3) wird „Felix Krull" in den Kontext einer Geschichte des Romans gerückt. Dabei erweist sich „Felix Krull" als eine Erweiterung der Gattung des Schelmenromans und als Parodie auf den Bildungsroman.

Der **Baustein 4** verdeutlicht, dass Thomas Mann seinen Helden im Rahmen der ursprünglichen Romankonzeption wohl noch nicht als Pikaro gesehen hat. Die Figur des Hochstaplers war zunächst mit der Problematik des Künstlers verbunden. Bereits im 1903 veröffentlichten „Tonio Kröger" wird die von Nietzsche übernommene Sichtweise deutlich, der im Künstler den Schauspieler und Komödianten sah. Tonio Kröger spürt und erkennt das Entfremdete seiner Existenz und findet es fast begreiflich, dass er bei der Rückkehr in seine Heimatstadt als Hochstapler verhaftet werden soll. So spitzt gerade der frühe Thomas Mann die Künstler-Bürger-Thematik aufs Schärfste zu. Die Andersartigkeit Felix Krulls und das Einsamkeitsmotiv verbinden ihn mit anderen Künstlergestalten Thomas Manns. Entscheidend für Felix Krulls „Künstlersein" ist aber seine Fähigkeit, sich immer wieder in verschiedenen Rollen zu verwirklichen. Um den Schein in ein Sein zu verwandeln, muss Felix Krull alle Eigenschaften ausbilden, die Thomas Mann für den wirklichen Künstler fordert: Selbstdisziplin, Absonderung vom Gewöhnlichen und die Überlegenheit des Geistigen gegenüber dem Körperlichen.

---

[1] Zit. nach: Wysling, Selbstkommentare, S. 127

Dies alles aber wird für Felix Krull nicht zum Preis, den er für seine Kunst zahlen muss, sondern ist nur Voraussetzung dafür, die Welt zu täuschen und den Platz in ihr einzunehmen, der ihm nach seiner innersten Überzeugung zukommt. Damit interpretiert der späte Thomas Mann die Künstler-Bürger-Thematik ironisch und hebt sie in der spielerischen Leichtigkeit der Existenz Felix Krulls auf.
Im ersten Teil des Bausteins (4.1) geht es um die parodistische Koppelung der für Thomas Mann charakteristischen Künstlerproblematik mit dem Hochstaplermotiv.
Anschließend (4.2) stehen einige charakteristische Szenen aus dem Roman im Mittelpunkt, in denen Verstellung und Betrug von Felix Krull selbst zu künstlerischen Akten stilisiert werden. Die Figur der Andromache wird im dritten Teil des Bausteins (4.3) thematisiert. In dieser Figur spiegelt Felix Krull seine eigene Existenz als „Künstler".

Während der langen Phase der Entstehung hat die Figur Felix Krulls ohne Zweifel einen Bedeutungswandel erfahren. Neben der Interpretation im Rahmen der europäischen Romantradition (Bausteine 2 und 3) und des Gesamtwerkes Thomas Manns (Baustein 4) verweist **Baustein 5** auf die mythologischen Bezüge des „Felix Krull". Voraussetzung für das Spiel mit dem Mythos ist der 1934 aufgenommene Gedankenaustausch Thomas Manns mit dem Mythenforscher und Religionshistoriker Karl Kerényi. Damit wäre ein unmittelbarer Einfluss auf den Roman erst für die zweite Schaffensperiode relevant (also für alle Romanteile ab dem siebten Kapitel des zweiten Buches); allerdings war es erstaunlicherweise so, dass sich die neugewonnene mythologische Konzeption bruchlos auf die bereits geschriebenen Romanteile übertragen ließ.
Im Zuge der Mythisierung des Romans verleiht Thomas Mann seiner Figur Felix die Züge des griechischen Gottes Hermes (vgl. Baustein 5.1) und des Narziss (vgl. Baustein 5.2). Die für den Roman zentrale Begegnung Felix' mit Professor Kuckuck wird im Abschnitt 5.3 thematisiert.

Mit dem **Baustein 6** wird die erzählerische Struktur des Romans erarbeitet. In einem ersten Schritt (vgl. Baustein 6.1) werden die in Baustein 2 bis Baustein 5 thematisierten Substrate der Handlung unter dem Begriff „Motivebenen" zusammengefasst. Im Anschluss wird die für Thomas Mann charakteristische Technik der Montage anhand einiger Beispiele vorgestellt (vgl. Baustein 6.2). Eine Besonderheit des Romans sind die zahlreichen Selbstkommentierungen des Ich-Erzählers und dessen Kontakt mit dem „unbekannten Leser". Die sich hieraus ergebenden Besonderheiten des Erzählverhaltens sind Thema des Abschnittes 6.3. In Baustein 6.4 geht es abschließend um die Stilebene des Romans, die für Thomas Mann selbst ein „heikelstes Balancestück" darstellte.

Baustein 7 greift einige werkgeschichtliche Aspekte auf und vermittelt Deutungsansätze, die von den Schülern analysiert und mit eigenen Stellungnahmen zum Roman verbunden werden.
Thomas Mann hat viele seiner Einsichten, Gedanken und Sehnsüchte in dem Roman „Bekenntnisse des Hochstaplers Felix Krull" gestaltet. Über den Prozess einer viele Jahre lang währenden Auseinandersetzung mit dem Text geriet das Buch zu einer versteckten Autobiografie. Die Ausführung des Romans begleitete Thomas Mann fast sein gesamtes Schriftstellerleben und umfasst annähernd 50 Jahre.
Im ersten Teil des Bausteins geht es um den Entstehungsprozess des Romans, der sich auf zwei Arbeitsperioden erstreckt, zwischen denen etwa 40 Jahre liegen. Die lebensgeschichtliche Bedeutung des Textes für den Autor kommt dabei ebenso zur Sprache wie die Arbeitsweise Thomas Manns.
Der zweite Teil des Bausteins wird mit einem den gesamten Roman betreffenden Deutungsansatz eingeleitet; dem schließen sich einige wirkungsgeschichtliche Informationen an. Abschließend erhalten die Schülerinnen und Schüler die Möglichkeit, wertend auf den Roman einzugehen.

Die thematischen Bausteine des Unterrichtsmodells

Baustein 1

Zugänge zum Roman

Der Baustein 1 eröffnet verschiedene Zugänge zum Roman, wobei im ersten Teil (vgl. 1.1) der Text in seinem Gesamtzusammenhang aus der Perspektive der Schülerinnen und Schüler in den Blick genommen wird.
Im zweiten Teil des Bausteins (vgl. 1.2) werden die Leseeindrücke im Sinne einer Themengewinnung vertieft und gebündelt, sodass die Grundlage für eine systematische Erarbeitung geschaffen wird.
In der Garderobe des Schauspielers Müller-Rosé entdeckt und reflektiert Felix Krull den krassen Gegensatz von Schein und Sein. Unter 1.3 wird das entsprechende Kapitel 5 des ersten Buches, das sich als Einstieg in die Analyse des gesamten Romans eignet, bearbeitet.

1.1 Vertiefung der ersten Leseeindrücke

Die beiden folgenden Vorschläge setzen voraus, dass der Roman vorab gelesen wurde.
Am Beginn des Unterrichts zur Lektüre kann das offene Gespräch im Plenum stehen, in dem Eindrücke zum Text ausgetauscht werden. Mit dem Aufrufen von **Figurenrequisiten** könnte dieses Gespräch initiiert werden. Dazu erhalten die Schülerinnen und Schüler zur ersten Stunde der Romanbesprechung folgende Aufgabe:

- *Wählen Sie ein Requisit bzw. einen Gegenstand aus, der Ihnen für die Person Felix Krulls passend erscheint. Bringen Sie Ihren Gegenstand zur nächsten Stunde mit in den Unterricht.*

Mit der Zuordnung eines typischen Requisits konkretisiert der einzelne Schüler seinen Zugang zur Person Felix Krulls und damit – aufgrund des entschiedenen Mittelpunktcharakters der Figur – zum Roman insgesamt. Dabei sind besonders solche Gegenstände interessant, die in symbolischer Weise bestimmte Charakteristika der Figur oder thematische Aspekte des Romans zum Ausdruck bringen (z. B. eine Maske).
Jeder Schüler stellt sein Figurenrequisit mit einem kurzen Statement vor, wobei erste Verstehensperspektiven sichtbar werden. Das Gespräch über die Requisiten sollte im Stuhlkreis geführt werden. Die Requisiten werden nacheinander auf ein Tuch o. Ä. in die Kreismitte gelegt und dabei vorgestellt. Unter Umständen ergibt sich eine erste Verknüpfung der Beiträge dadurch, dass jeder Schüler neben der Vorstellung seines Requisits auch dessen Zu-

ordnung zu den bereits ausgelegten bedenkt und begründet. So entsteht nach und nach eine „begehbare Plastik des Romans", die abschließend durch einen Text kommentiert werden kann. Hierzu schreiben die Schülerinnen und Schüler nach folgender Aufgabenstellung:

- *Verfassen Sie einen Text mit folgendem Beginn:*
  „Die Requisiten zeigen mir einen Mann, der ..."

Alternativ zur oben vorgeschlagenen Arbeit mit Figurenrequisiten lässt sich der Einstieg in den Unterricht zum Roman auch mit dem **„Fünf-Wort-Text"** gestalten. Auch diese Methode eignet sich dazu, den Gesamtzusammenhang des Textes zunächst aus der persönlichen Sicht der Leser in den Blick zu nehmen.
Dem Schreibprozess wird eine Gruppenarbeit vorangestellt: Jedes Gruppenmitglied notiert für sich fünf Begriffe, die so im Roman vorkommen oder einen frei formulierten Leseeindruck wiedergeben können. Danach stellen sich die Gruppenmitglieder ihre Begriffe reihum vor und kommen über deren Erläuterung in ein Gespräch, in dessen Verlauf sie sich auf fünf Begriffe einigen. Zu diesen fünf Begriffen der Gruppe schreibt jedes Gruppenmitglied einen Text, der eng an die Lektüre gebunden sein kann, z. B. als Klappentext oder Kommentar zum Roman.
Besonders reizvolle Texte entstehen dann, wenn die fünf Wörter zum Schreiben eines „Anschlusstextes" verwendet werden, der sich weiter von der Lektüre entfernt.
Die Aufgabenstellung lautet dann:

- *Schreiben Sie eine kurze Geschichte, eine Fabel, ein Gedicht oder einen anderen literarischen Text, in dem Sie die fünf Wörter Ihrer Gruppe verarbeiten.*

Die Anschlusstexte der Schüler setzen so den interpretativen Zugang, der in den fünf Wörtern zum Ausdruck kommt, in einen literarischen Text um.
Die Fünf-Wort-Texte werden abschließend in der Gruppe vorgestellt. Für einen Austausch im Plenum können ausgewählte Texte aus den Gruppen vorgetragen werden.

1.2 Thematische Orientierung und Handlungsübersicht

Die ersten Leseeindrücke (vgl. 1.1) können nun vertieft werden und damit die Grundlage für eine systematische Erarbeitung bilden. Dazu werden im Folgenden drei alternative Möglichkeiten aufgeführt: das **„Quartett"**, das **„thematische Kursieren"** und der **„Fragenkatalog"**. Alle drei Verfahren können einen intensiven und konstruktiven Dialog in Kleingruppen initiieren und zur konkreten Ausarbeitung von Themen- und Bearbeitungsvorschlägen führen, die in die Unterrichtsplanung einbezogen werden können.
Beim **„Quartett"** tauschen sich die Schülerinnen und Schüler in Vierergruppen darüber aus, was sie an Thomas Manns Roman interessant, auffällig oder schwierig finden. Dann formulieren sie gut leserlich jeweils auf einem DIN-A4-Blatt insgesamt fünf Themen- bzw. Bearbeitungsvorschläge. Im Anschluss daran finden sich immer zwei Vierergruppen zusammen, stellen ihre Themen vor und einigen sich für das anschließende Gespräch im Plenum auf fünf Vorschläge, die an der Tafel befestigt werden. Im Plenum werden die Vorschläge der Gruppen miteinander verglichen, Doppelungen ausgeschieden, Formulierungen können angeglichen werden, sodass sich wichtige Themen herauskristallisieren, die zusätzlich, z. B. durch eine Bepunktung, in eine Reihenfolge gebracht werden können.
Das **„thematische Kursieren"** ist ein schriftliches Verfahren zur Themengewinnung. In einer Vierergruppe notiert jeder Schüler drei Themen- bzw. Bearbeitungsvorschläge auf dem **Ar-**

beitsblatt 1, S. 23. Dann werden die Blätter reihum weitergegeben und von jedem weiteren Gruppenmitglied schriftlich kommentiert. Im Austausch formuliert die Gruppe drei bis fünf Themenvorschläge, mit denen dann im Plenum wie beim „Quartett" verfahren werden kann.

Der „**Fragenkatalog**" regt einen Austausch über die Lektüre in Gruppen an, die ihr Gespräch über den Text innerhalb eines vorgegebenen Rahmens selber gestalten. Dazu orientieren sich die Gruppenmitglieder an den Fragen A bis F auf dem **Arbeitsblatt 2**, S. 24, und überlegen, welche Fragen sie bearbeiten möchten; sie bestimmen dann die Reihenfolge und Dauer der Gesprächsrunden zu den einzelnen Fragen. Mithilfe einiger Notizen können nach jeder Runde die Ergebnisse gesichert werden. Zum Abschluss ihres Gesprächs notiert jede Gruppe drei bis fünf Themenvorschläge, die dann wie beim „Quartett" im Plenum ausgewertet werden können.

Die thematische Orientierung mithilfe der oben vorgeschlagenen Verfahren kann durch eine Sicherung des Inhalts gestützt werden. Dazu übernehmen die Schüler in arbeitsteiliger Gruppenarbeit die folgende Tabelle und füllen sie für die von ihnen bearbeitete Textstelle aus. (Zur Lösung vgl. die Handlungsübersicht auf den Seiten 11f. dieses Modells.)

Seite	**Buch, Kapitel**	**Ort**	**Inhalt**	**Reflexion des Ich-Erzählers zum Thema**

Die Handlungsübersicht verdeutlicht, dass der Umfang der drei Bücher des Romans stetig zunimmt. Das Prinzip der episodischen Reihung bei der Darstellung der Ereignisse wird zwar durchgängig beibehalten (wie es dem Schelmen- und Abenteuerroman entspricht), allerdings wird das Geschehen von Anfang an und endgültig im dritten Buch von reflexiven, essayistisch ausgestalteten Passagen überlagert. So wird die Folge der einzelnen Handlungen und Ereignisse tendenziell durch eine Folge von Abhandlungen ersetzt.

Trotz der additiven Struktur des Romans lassen sich einige zentrale Kapitel ausmachen, die die Lesarten des Textes in besonderer Weise verdeutlichen: Im Zentrum des ersten Buches steht das Müller-Rosé-Kapitel (I, 5; S. 27–36), mit dem das Schein-Sein-Thema und die parodistisch angelegte Künstlerkritik formuliert werden.

Das zweite Buch führt von Frankfurt nach Paris. Es nimmt die Verknüpfung von Künstlertum und Kriminalität ebenso auf wie das Motto des Schelmenromans, nach dem die Welt betrogen werden will. All dies wird in der berühmten Musterungsszene (II, 5; S. 90–112) zu einem Höhepunkt geführt, der darüber hinaus den Beginn der „Wanderjahre des Bildungsromanhelden" markiert.

Ebenso wie das fünfte ist auch das letzte Kapitel des zweiten Buches hervorzuheben, welches die Begegnung mit Madame Houpflé schildert (II, 9; S. 175–190). Die mythologische Lesart des Romans wird in diesem neunten Kapitel, das zudem nahezu wörtliche Übereinstimmungen mit einer entsprechenden Episode aus Grimmelshausens „Simplicissimus" aufweist, zum ersten Mal deutlich nahegelegt, indem Madame Houpflé Felix Krull zum Griechengott Hermes stilisiert. Die für die zweite Schaffensperiode ab 1951 typische Mythologisierung des Romans charakterisiert das dritte Buch. Gerahmt wird es von den beiden Zirkuskapiteln, in denen die Künstlerfiguren Andromache und Ribeiro als Spiegelbilder Felix Krulls ins Götterähnliche verschoben werden. Zentral ist das Gespräch mit Professor Kuckuck, an dem alle Lesarten des Romans festgelegt werden können (III, 5, S. 261–287).

1.3 Die Müller-Rosé-Episode (I, 5; S. 27–36)

Das Kapitel bildete im Jahre 1911 unter dem Titel „Der Theaterbesuch" die erste Teilveröffentlichung aus dem „Felix Krull". Die Berührung Thomas Manns mit Schopenhauer klingt hier mit dem Thema Illusion und Desillusion an. Im Rahmen der achsensymmetrischen Struktur des ersten Buches nimmt das Kapitel die zentrale Position ein, was seiner inhaltlichen Bedeutung entspricht: Für das erste Buch wie auch für größere Teile des weiteren Romans fungiert die Müller-Rosé-Episode wie eine Selbsterklärung des „Felix Krull" und eignet sich deshalb für den Einstieg in die Analyse des gesamten Romans. Diese kann im Anschluss an die Bausteine 1.1 und 1.2 erfolgen.
Denkbar wäre eine Besprechung aber auch vor der Lektüre des Romans durch die Schülerinnen und Schüler. Das antizipierende Lesen und Analysieren des Kapitels kann dazu verhelfen, die Lesemotivation aufzubauen und im Sinne einer Lektürehilfe auf Aspekte der Interpretation aufmerksam zu machen. Diese werden als Lesarten des Romans in den Bausteinen 2 bis 5 konkretisiert und entfaltet.
Im Erlebnis des zauberhaften Müller-Rosé auf der Bühne und des im halb abgeschminkten Zustand abstoßenden Schauspielers in der Garderobe entdeckt Felix Krull den krassen Gegensatz von Schein und Sein. Zwar erkennt er den Betrugscharakter des Künstlertums, was ihn aber eigentlich fasziniert, ist die Ästhetik einer Lebensform, nach der die Welt getäuscht werden will und gleichzeitig Blendwerk ist. So bejaht Felix Krull letztlich das Leben als Schauspiel und rechtfertigt seine Hochstaplerexistenz geistig, moralisch und gesellschaftlich. Müller-Rosé, so ironisch und grotesk er auch karikiert wird, vermittelt Lebensfreude, indem er das Leben in Szene setzt.
Mit folgenden Aufgaben können die oben erwähnten Aspekte erarbeit werden:

- *Beschreiben Sie den Theaterbesuch ab S. 29 mithilfe der Begriffe Illusion und Desillusion.*
- *Welche Erkenntnis vermittelt der Theaterbesuch Felix Krull? Klären Sie in diesem Zusammenhang das Glühwurmmotiv, welches Thomas Mann zwei Mal verwendet.*
- *Welche Bedeutung hat das Theatererlebnis für Felix Krull?*

Der Bearbeitung der Aufgaben kann eine in Partnerarbeit vorbereitete szenische Montage vorangestellt werden, die den im Kapitel aufgebauten krassen Gegensatz von Schein und Sein sinnfällig macht. Dazu erhalten die Partner folgende Aufgabe:

- *Verschränken Sie direkte Zitate aus dem Text ab S. 29 unten so miteinander, dass der besagte Gegensatz in immer zwei aufeinanderfolgenden Zitaten zum Ausdruck kommt (z. B. „… dem entsprach das Gesicht dieses höheren Wesen, ein Gesicht, das wie aus dem feinsten Wachs gebildet schien"(S. 29) – das andere Auge blinzelte den Besuchern „nackt, wässrig, frech und vom Reiben entzündet" (S. 33) entgegen).*

Zum Vortrag der Zitate stehen die Partner Rücken an Rücken, sprechen jeweils ein Zitat und drehen sich dabei so, dass immer der Sprecher ins Plenum sieht.

Die Ergebnisse zur ersten Aufgabe können in einem Tafelbild festgehalten werden:

„Müller" – „Rosé" – Das Kapitel I, 5

Illusion

- vollkommene Kleidung, „wie sie im wirklichen Leben nicht eine Viertelstunde lang zu bewahren wäre" (S. 29)
- ein Gesicht wie aus „feinste[m] Wachs" (S. 29) mit „mandelförmige[n], schwarz umrissene[n] Augen" (S. 29)
- elastische Bewegungen und „silberne [...] Stimme" (S. 30)
- selbst „elegante [...] Strapazen" (S. 30) ändern nichts an der „Makellosigkeit" (S. 30)
- Bewegungen und Körper scheinen „bis ins letzte Fingerglied von einem Zauber durchdrungen" (S. 30)

↓

Die Welt des Scheins

Desillusion

- „nichts weiter am Leibe als eine Unterhose aus grauem Trikot" (S. 33)
- „käsige Fahlheit" (S. 33) des Gesichts, rothaarig, das Auge „nackt, wässrig, frech und vom Reiben entzündet" (S. 33)
- Pickel, „rot umrändert, mit Eiterköpfen versehen, auch blutend zum Teil" (S. 33)
- „Witze in vulgärem Geschmacke" (S. 35) und insgesamt
- „ein Anblick von unvergesslicher Widerlichkeit" (S. 33)

↓

Die Erfahrung des Seins

Im Hinblick auf die zweite Aufgabe lässt sich zunächst sagen, dass Thomas Mann mit dem Bild des Glühwurms auf die Fallhöhe zwischen Schein („poetischer Funke", S. 35) und Sein („unansehnliches Lebewesen", S. 35) verweist. Entscheidend ist aber die mit dem Motiv verknüpfte Erkenntnis, dass allein der Augenblick des Glanzes wirkliche „Lebensfreude" (S. 31) vermittelt. Die bedürftige Menge will im Künstler das Ideal ihres Herzens erblicken, und der Künstler erbaut und belebt (vgl. S. 36) die Menge und „leuchtet" für sein Publikum.

Insgesamt hat das Theatererlebnis für Felix Krull die Bedeutung einer Initiation. Er entdeckt im Wirken Müller-Rosés und der Reaktion des Publikums den „Gefälligkeitszauber" (S. 36), der ihn das Illusionäre von Welt und Leben zutiefst bejahen lässt und ihn dazu veranlasst, auf der Bühne der Welt sein Leben als Schauspiel zu inszenieren.

Wird das Kapitel I, 5 vor Lektürebeginn besprochen, so kann im Sinne des antizipierenden Lesens eine Schreibaufgabe die oben beschriebene Analyse des Kapitels abrunden:

- *Der Theaterbesuch des dreizehnjährigen Felix liegt 20 Jahre zurück. – Schreiben Sie in der Ich-Form einen Lebensabriss des nun erwachsenen Felix Krull. – Wählen Sie als Ausgangspunkt Ihres Textes die Abbildung auf dem Cover und beginnen Sie so: „Ich stehe ...".*

Notizen

Thematisches Kursieren

- *Notieren Sie für den Roman „Bekenntnisse des Hochstaplers Felix Krull“ drei Themen- bzw. Bearbeitungsvorschläge.*
  Geben Sie dann Ihr Arbeitsblatt an Ihren Nachbarn weiter.

Erster Vorschlag: ______________________________

____

____

____

____

____

Zweiter Vorschlag: ______________________________

____

____

____

____

____

Dritter Vorschlag: ______________________________

____

____

____

____

____

- *Lesen und kommentieren Sie die Vorschläge Ihres Nachbarn.*
  Knüpfen Sie dazu an jeden Vorschlag an, bauen Sie diesen aus, variieren Sie ihn oder entwickeln Sie ihn weiter.

____

____

____

____

____

____

____

____

____

Fragenkatalog

- *Wählen Sie die Arbeitsaufträge, die Sie bearbeiten wollen, aus, und legen Sie die Reihenfolge der Besprechung fest.*
- *Äußern Sie sich zu Beginn jeder neuen Gesprächsrunde der Reihe nach. Notieren Sie im Anschluss an jede Gesprächsrunde kurz die Ergebnisse.*

A Berichten Sie einander von besonderen Begebenheiten oder interessanten und auffälligen Situationen im Roman.

B Lesen Sie sich Textstellen vor, und begründen Sie Ihre Wahl.

C Gibt es Personen, die Sie besonders gut verstehen, die Ihnen fremd sind oder die Sie ablehnen? Kommentieren, verteidigen oder kritisieren Sie einzelne Personen.

D Kennen Sie ähnliche – oder ganz andere – Erfahrungen wie die, die im Roman vermittelt werden?

E Spielt es eine Rolle, ob man die „Bekenntnisse des Hochstaplers Felix Krull" als Leserin oder als Leser liest?

F Haben Sie schon andere Texte gelesen, deren Themen man mit denen im Roman vergleichen kann? Berichten Sie davon.

Baustein 2

„Felix Krull" als pikarischer Roman

Im ersten Teil des Bausteins (2.1) wird der Schelmenroman definiert, die Parallelen des „Felix Krull" zum Gattungstyp des Schelmenromans werden herausgearbeitet. Ebenso soll deutlich werden, inwiefern Thomas Manns Text über eine schematische Entsprechung hinausgeht.
Die Bezüge zu Grimmelshausens „Simplicissimus" werden unter 2.2 hergestellt. Dabei ergeben sich Parallelen formaler Art wie auch inhaltliche Gemeinsamkeiten zwischen den Romanen Grimmelshausens und Thomas Manns.
Der abschließende Teil 2.3 verweist auf die 1905 erschienenen Memoiren des rumänischen Hochstaplers Georges Manolescu, die einen ersten Anstoß zur Konzeption des „Felix Krull" bildeten. Der Vergleich der Memoiren mit Thomas Manns Roman wird unter dem Aspekt der Gesellschaftskritik in beiden Texten konkretisiert.

2.1 Merkmale und Geschichte des pikarischen Romans

Der Roman Thomas Manns kann in seinen Grundzügen als Schelmenroman gelesen werden. Er wäre damit eine moderne Wiederaufnahme der pikaresken Romantradition, die 1554 mit dem Erscheinen des „Lazarillo von Tormes" (vgl. **Zusatzmaterial 1**, S. 94) begann. Wenn auch der „Felix Krull" nicht uneingeschränkt der Gattung des Schelmenromans zuzuordnen ist, so ist doch die Nähe zu diesem Romantyp bemerkenswert und von Thomas Mann ausdrücklich gewollt. Während Thomas Mann in der frühen Arbeitsphase (1910–1913) wohl keine genaueren Kenntnisse vom Typ des Schelmenromans besaß, belegen spätere Aussagen, dass der Autor seinen „Felix Krull" bewusst in die Traditionslinie des pikarischen Romans rückt. So spricht er in einem Brief an Agnes E. Meyer, seiner bevorzugten Briefpartnerin der amerikanischen Jahre, davon, das Felix-Krull-Fragment „zu einem modernen, in der Equipagenzeit spielenden Schelmen-Roman"[1] (Brief vom 10.10.1947) auszubauen. An Hermann Hesse schreibt er: „Derzeit tue ich gar nichts Rechtes, probiere innerlich dies und das (was würden Sie sagen, wenn ich das Felix-Krull-Fragment zu einem richtigen Schelmenroman ausbaute, zur Unterhaltung auf meine alten Tage?)" (Brief vom 25.11.1947). An Ferdinand Lion heißt es am 27.12.1950: „[W]ie fänden Sie es (das ist eine wirkliche Frage), wenn ich nach 40 Jahren das Felix-Krull-Fragment wieder aufnähme und versuchte, den autobiografischen ‚Schelmenroman' zu Ende zu führen? Bloß aus Ordnungsliebe. Ich probiere gerade daran herum." Ein Aufsatz des amerikanischen Germanisten Oskar Seidlin gibt endgültige Anregungen dazu, den „Felix Krull" als „späte Fortbildung einer Tradition" zu verstehen. In einem Brief an Oskar Seidlin bedankt sich Thomas Mann: „Ich bin entzückt von Ihrem pikaresken Aufsatz – aus einem Wust von Dingen habe ich ihn nach unserer Rückkehr gleich hervorgezogen, wohl ahnend, dass das etwas sein werde, was ich brauchen kann, ja nötig habe; denn es sind genau die Gesichtspunkte dieses – wie ich wohl sagen darf – von meiner Existenz gefärbten Artikels [gemeint sind die biografischen Bezüge zum „Felix Krull", F. W.], die mir nötig sind, wenn ich je doch noch mit dem ‚Krull' fertig werden will."
(Brief vom 10.10.1951).

[1] Alle Briefzitate unter 2.1 aus: Wysling, Selbstkommentare, S. 88, 89, 90, 96

Die Erarbeitung des **Arbeitsblattes 3,** S. 32, vermittelt einige gattungstypische Merkmale des Schelmenromans:

- *Welche Merkmale charakterisieren den Schelm?*
- *Worin besteht die heuristische Funktion des Schelms in der Literatur?*
- *Was gehört zum Formschema eines Schelmenromans?*
- *Welche literarischen Beispiele führt der Text an?*

Die Auswertung der Fragen kann tabellarisch erfolgen. Der folgende Vorschlag eignet sich zur Ergebnissicherung als Folie oder Kopie:

Der Schelmenroman

Merkmale des Schelms	• Er ist weder verbrecherisch noch ehrenwert. • Er reagiert auf die Bosheit der Welt mit legalen, aber auch unmoralischen Mitteln. • Er ist unterprivilegiert, will aber möglichst gut leben. • Sein Mittel ist die List; seine Stärken sind Schlauheit, Redekunst und die Kenntnis menschlicher Schwächen. • Er formuliert kein weitergehendes Ziel für sein Leben oder die Gesellschaft. • Sein abenteuerliches Leben verläuft bindungslos.
Heuristische Funktion	• Aus der Perspektive „von unten“ entlarvt der Schelm die Schwächen der Mächtigen und verweist so satirisch auf die Brüchigkeit der gesellschaftlichen Ordnung.
Formschema	• Die episodische Reihung der Abenteuer führt zur additiven Struktur des Schelmenromans; Bindeglied zwischen den Erlebnissen ist fast ausschließlich die Hauptfigur. Die Episoden werden in Kapiteln erzählt und diese zu Büchern zusammengefasst. • Die Ich-Erzählung vermittelt den Anschein der Autobiografie, oft im Sinne einer Lebensbeichte. Moralische oder belehrende Einschübe nähren die Fiktion, dass die Geschichten der Ermahnung wegen erzählt werden.
Beispiele	• Antike Mythologie (Hermes, Odysseus) • Lazarillo de Tormes (1554, Spanien; begründet die Tradition des Schelmenromans) • Grimmelshausens „Der Abenteuerliche Simplicissimus Teutsch“ (1668) und „Trutz Simplex“ (1670)

Das Arbeitsblatt 3 eignet sich für eine gründliche Definition des Schelmenromans und verweist auf literarische Traditionen, die im weiteren Verlauf der Unterrichtsreihe eine Rolle spielen (Baustein 2.2: Grimmelshausen; Baustein 5: Hermes).

Über das Arbeitsblatt 3 hinausgehend enthält die oben abgedruckte tabellarische Übersicht bereits zusätzliche Hinweise auf das Formschema des Schelmenromans, die im Lehrervortrag entsprechend ergänzt werden müssten.
An die Erarbeitung des Arbeitsblattes 3 kann sich ein Vergleich mit dem Roman Thomas Manns anschließen:

- *Inwiefern entsprechen die „Bekenntnisse des Hochstaplers Felix Krull“ dem Typ des Schelmenromans? Wo ergeben sich Unterschiede?*

Die Parallelen zum Gattungstyp des Schelmenromans sind offensichtlich (vgl. die tabellarische Übersicht), wobei Thomas Mann deutlich über eine schematische Entsprechung hinausgeht: Felix Krull leidet weder an sich noch unter der Welt; er agiert im vollständigen Einklang mit seinem Ich und der Gesellschaft! Er verfolgt die Integration in die „höheren Schichten“ der Gesellschaft zielstrebig. Die reflexiven Einschübe dienen allein der Selbstrechtfertigung, am Ende der „Laufbahn“ gibt es nichts zu bedauern, nichts zu moralisieren, nichts zu beichten!
Das **Zusatzmaterial 1**, S. 96, bietet die Möglichkeit, das Wissen zum Schelmenroman um den romangeschichtlich bedeutsamen Text des „Lazarillo von Tormes“ zu vertiefen und zu veranschaulichen. Die Textauszüge aus dem „Lazarillo“ im Zusatzmaterial 1 könnten mit den beiden folgenden Aufgaben bearbeitet werden:

- *Der Picaro tritt seinen Weg ins Leben sozial benachteiligt und häufig verwaist an. Dennoch beginnt er diesen selten allein: Eine Art geistiger Vater, Lehrer, Berater und Erzieher wird in der pikarischen Literatur an seine Seite gestellt, der sogenannte Mentor. – Vergleichen Sie in dieser Beziehung den Lazarillo von Tormes mit Felix Krull.*
- *Welche „schelmischen“ Merkmale verbinden Felix Krull mit seinem literarischen Urahnen, dem Lazarillo von Tormes?*

Der blinde Bettler, selbst eine höchst zweifelhafte Existenz, macht den unschuldigen Lazarillo durch Gemeinheiten mit der Welt vertraut, macht ihn zum Dieb und Betrüger, quält und nutzt ihn aus. Unter veränderten Vorzeichen übernimmt für Felix Krull sein Pate (!) Schimmelpreester die Rolle des Mentors. Er ist dabei weder hinterhältig noch gemein, aber ebenfalls eine eher zwielichtige Gestalt mit zweifelhafter Vergangenheit. Er gibt die entscheidenden Anstöße für die Hochstaplerlaufbahn Felix Krulls, indem er auf die „unregelmäßigen Seitenpfade“ des Lebens verweist und die Selbstliebe seines Patenkindes nährt (vgl. z. B. den Modell stehenden Felix in Kapitel I, 4). In einem erweiterten Sinn kann auch die Bedeutung Professor Kuckucks als Mentorenschaft verstanden werden.
Die zweite Aufgabe auf dem Zusatzmaterial 1 fragt nach weiteren Bezügen zwischen dem Lazarillo und Felix Krull, die im Grundsätzlichen zu finden sind: Beide stammen aus einem fragwürdigen Elternhaus, die Mütter bleiben zurück und ernähren die Familie karg. Beide Figuren „mildern“ die Nachteile ihrer Herkunft und helfen ihrem Glück nach. Auch die innere und äußere Bindungslosigkeit lässt sich für beide Figuren ausmachen, die man – positiv gewendet – auch als Streben nach Freiheit und Sehnsucht nach Ferne verstehen kann.

2.2 Grimmelshausens „Simplicissimus“ (1668)

Thomas Mann las den Roman „Der Abenteuerliche Simplicissimus Teutsch“ von Hans Jakob Christoffel von Grimmelshausen im Jahre 1944 im Zusammenhang mit den Arbeiten an

„Doktor Faustus" und zu einem Zeitpunkt, als die Planungen zur Fortsetzung des Krull-Fragmentes konkrete Gestalt annahmen. Nun war häufiger vom Abenteuer- und Schelmenroman die Rede. In Briefen, Teilveröffentlichungen oder Lesungen hat Thomas Mann immer wieder auf den „Simplicissimus" als deutsches Urbild dieses Romantyps verwiesen: „Neulich las ich im Züricher Schauspielhaus zum Gaudium der Zuhörer ein paar Abschnitte aus der Fortsetzung vor [gemeint ist die Zirkusepisode in III, 1, F. W.] und sagte einleitend, wenn das Ding einmal fertig würde, so werde es eine Art von Abenteuerroman aus dem späten bürgerlichen Zeitalter vor dem ersten Weltkriege sein; ein naives Memoirenwerk, als dessen fernstes Vorbild man den ‚Simplicius Simplicissimus' ansehen könnte"[1] (Brief vom 10.10.1951 an Oskar Seidlin). Im selben Jahr heißt es in einem Brief an Henry Hatfield: „Besonders fesselten mich Ihre Ausführungen über den ‚Simplicissimus' und den Schelmenroman – aus persönlichen Gründen, da ‚picaresque' Scherze mich gerade wieder beschäftigen."
Die formalen Elemente des Romans von Grimmelshausen kamen Thomas Mann entgegen: die episodische Reihung der Abenteuer, der autobiografisch geprägte Charakter der Ich-Form, die Einteilung in Bücher und Kapitel und die per Gattungsgesetz vorgegebene Tendenz zur Unabgeschlossenheit der Handlung. So schreibt Thomas Mann 1954 in „Rückkehr": „Das ist wohl das Charakteristischste, was ich darüber sagen kann: dass es wohl einmal abbrechen und aufhören, aber nie fertig werden wird. Im Übrigen gehört es zum Typ und zur Tradition des pikaresken, des Abenteuerromans, dessen deutsches Urbild der ‚Simplicius Simplicissimus' ist."
Neben den erwähnten formalen Bezügen ergeben sich einige inhaltliche Gemeinsamkeiten. So ist wiederholt von Simplex' Schönheit die Rede. Im elften Kapitel des dritten Buches lässt Grimmelshausen seinen Simplex schreiben: „Ich muss bekennen, dass ich meiner Gestalt halber allen anderen vorgezogen ward." Außerdem „wusste ich so anmutige Blicke und Gebärden hervorzubringen, dass sich manches hübsche Mägdlein darüber vernarrte und mir unversehens hold wurde". Immer wieder werden Simplex' Schönheit und sein Verkleidungstalent auf die Probe gestellt. Auch Namens-, Orts- und Berufswechsel, Diebereien und Hochstapeleien sowie ausführliche reflexive Exkurse waren im „Simplicissimus" vorgegeben. Eine amüsante und unverkennbar direkte Parallele zum „Simplicissimus" stellt Thomas Mann am Ende seiner berühmten Madame-Houpflé-Szene (II, 9; S. 175–190) her. Die Liebesbegegnung mit Felix Krull ist nach dem Muster des fünften Kapitels im vierten Buch des „Simplicissimus" gestaltet, wo Simplicissimus, der Beau Aleman, von mehreren Damen des französischen Hofes begehrt wird.
Das **Arbeitsblatt 4**, S. 34, informiert die Schüler über den Roman Grimmelshausens und stellt einen Bezug zum pikarischen Roman her. Mit dem **Arbeitsblatt 5**, S. 36, wird ein Vergleich zwischen dem „Simplicissimus" und „Felix Krull" ermöglicht. Das **Zusatzmaterial 2**, S. 97, setzt die Textstelle von Arbeitsblatt 5 in einen größeren Kontext und gewährt so einen kleinen Einblick in den Originaltext Grimmelshausens.
Schon mit Beginn der Arbeit an Baustein 2.2 können drei Schülerinnen und Schüler die Aufgabe erhalten, einen Lesevortrag des neunten Kapitels im zweiten Buch (II, 9; S. 175–190) vorzubereiten. Dazu kann der Text etwas gekürzt werden; der Lesevortrag kann im Zusammenhang mit der Bearbeitung des Arbeitsblattes 5 erfolgen. Das Titelkupfer und Titelblatt von Arbeitsblatt 4 können eventuell vor dem Austeilen des Arbeitsblattes gesondert auf Folie präsentiert und besprochen werden. Die Schüler können über die Textteile beider Abbildungen ansatzweise Bezüge zum pikarischen Roman herstellen, eventuell kann Vorwissen zum Barock aktiviert werden, und der Unterrichtende leitet mit einigen der folgenden Hinweise auf **Arbeitsblatt 4** über: Kupferstiche in Bucheditionen neben oder in der Titelseite finden sich im 17. Jahrhundert häufig. Sie wurden dem Werk zur Aufschlüsselung, d. h. der im Sinne des Verfassers „richtigen" Interpretation des Textes mitgegeben. Auf dem Titelkupfer zum „Simplicissimus Teutsch" scheint zunächst nur das aufgeschlagene Buch in

[1] Alle Briefzitate aus: Wysling, Selbstkommentare, a. a. O., S. 97, 99, 127

den Händen des merkwürdig „fabelhaft" gestalteten Wesens mit dem Text in Beziehung zu stehen. Hier sind Gegenstände sichtbar nebeneinander angeordnet, die als hieroglyphenartige Zeichen wie Stichworte zur Romanerzählung aufgefasst werden könnten: Krone, Kleriker- oder Kardinalskappe, Haubitze, Sack mit Geld, Würfelspiel, Biene (Fliege?), Festungsturm, Trinkglas, Wickelkind, Degen, Narrenkappe, Stadt ohne Befestigung, Baum, Schiff mit Segeln, Skorpion (?), Salbentopf, Kröte (?).
Man kann sie mit den „Dingen" der Welt in Verbindung bringen, die den Menschen beunruhigen, ihm schädlich und darum auszutreiben sind. Eine andere bzw. zusätzliche Deutungsmöglichkeit könnte die Abbildungen als Hinweise auf die Lebensstationen der Hauptfigur verstehen. Umso mehr, als sie in relativer Übersichtlichkeit auf die zwei offenen Buchseiten gebannt erscheinen, womit sie durch den Zeigegestus des Monstrums bzw. der Chimäre der besonderen Aufmerksamkeit des Betrachters empfohlen werden. Zeige- und kleiner Finger scheinen auf die Darstellung hinzuweisen.
Diese Handhaltung mit den zwei mittleren zurückgebogenen Fingern ist ein alter Abwehrgestus zum Schutz vor bösen Geistern und dem bösen Blick, aber auch als Zeichen der spöttischen Verständigung im erotischen Bereich, etwa zur Bezeichnung des „Hörner-Aufsetzens". Dieser Sinngehalt der Geste erschließt damit den Inhalt des gezeigten Buches als einen gefährlichen und mit spöttischer Distanz zu betrachtenden. Das Monstrum selbst beginnt für den Eingeweihten warnend zu sprechen. Die Bildunterschrift scheint dies zu bestätigen: Sie gibt die verbale Anweisung, wie der Leser den Romaninhalt „moralisch" für sein eigenes Leben auswerten soll. Das Wesen, welches das Buch hält, ist aus Elementen verschiedener Gattungen aus dem Bereich der Menschen, der Tierwelt und dem antiken Satyr zusammengefügt. Grimmelshausen spielt damit direkt auf die „Ars Poetica" des römischen Dichters Horaz (65 v. Ch. – 8 n. Chr.) an, der das Zusammenfügen schlecht verbundener Ideen in einem Text als zum Lachen reizend beschreibt.
Nach Gespräch und Lehrervortrag zu den Abbildungen im oben dargestellten Sinn können die Fragen des Arbeitsblattes 4 beantwortet werden:

- *Auf dem Titelblatt verspricht der Autor ein „männiglich" nützliches Leseerlebnis. Worin besteht dieser Nutzen?*
- *Der „Simplicissimus" wird als ein Roman „in Anlehnung" an den Schelmenroman gesehen. Welche Gemeinsamkeiten bestehen, welche Unterschiede deuten sich an?*

Zum Nutzen der Leser werden zeitkritische, ironisch-satirische Ausführungen gemacht. Theologische Erörterungen zu heilsgeschichtlichen Fragen treten hinzu. Bezüglich der zweiten Frage lässt sich zunächst das additive Vorgehen des Autors anführen: Die episodische Reihung der Abenteuer findet sich auch im Schelmenroman. Die historisch-unterhaltende und die ironisch-satirische Schicht des „Simplicissimus" entsprechen ebenso wie die autobiographisch ausgeformte Ich-Erzählung ebenfalls dem Schelmenroman. Ein Unterschied ergibt sich durch die Reflexion des erzählenden Ichs auf einer religiös-moralischen Ebene. Im erzählpsychologischen Sinn wird der spätere Schritt zum Bildungsroman damit angedeutet.
Die Auswertung des Arbeitsblattes 4 kann durch die Lektüre eines Textauszuges aus dem „Simplicissimus" (vgl. **Zusatzmaterial 2**) abgerundet werden. Wenn das **Arbeitsblatt 5** nicht als Grundlage für eine Klausur herangezogen werden soll (vgl. Vorüberlegungen zum Einsatz des Romans im Unterricht, S. 13), kann die Bearbeitung durch einen von Mitschülern vorbereiteten Lesevortrag des Kapitels II, 9 (Liebesbegegnung mit Madame Houpflé) eingeleitet werden. An den Vortrag schließt sich eine kurze Gesprächsphase an, in der möglicherweise schon auf die Parallelität zwischen dem „Simplicissimus" und „Felix Krull" verwiesen wird. Daran knüpft die Bearbeitung der Aufgabe auf dem Arbeitsblatt 5 an:

- *Vergleichen Sie die beiden Textstellen.*
  Welche Intention könnte Thomas Mann mit seiner Darstellung der Liebesbegegnung verfolgt haben?

Die Liebesbegegnung im Hotelzimmer der Madame Houpflé ist nach dem Muster der entsprechenden Szene im vierten Buch des „Simplicissimus" bearbeitet. Die Analogie der Situation wird bis in Einzelheiten deutlich. Vermutlich ging es Thomas Mann um ein offenes Bekenntnis zum Vorbild des „Simplicissimus". Er stellt seinen eigenen Roman damit bewusst in die Traditionslinie des pikarischen Romans.

2.3 Gesellschaftskritik im „Felix Krull"

Während der Planungen zum „Felix Krull" lernte Thomas Mann die Memoiren des rumänischen Hochstaplers Georges Manolescu kennen, dessen Verleger ein Exemplar an Thomas Mann gesandt hatte. Die Erinnerungen des Hochstaplers erschienen 1905 in Langenscheidts „Bibliothek der Zeit" unter dem Titel „Ein Fürst der Diebe. Memoiren". Die teils naiven, teils pathetischen und überaus selbstgefälligen Ausführungen Manolescus übten einen deutlichen Einfluss auf die Konzeption der „Bekenntnisse des Hochstaplers Felix Krull" aus, was Thomas Mann wiederholt bestätigte. Manolescu schildert in seinen beiden Büchern (noch im selben Jahr war aufgrund der enormen Nachfrage ein zweiter Band mit dem Titel „Gescheitert. Aus dem Seelenleben eines Verbrechers" herausgebracht worden) seinen Erfolg bei der Simulation von Geisteskrankheiten, er berichtet von seiner Laufbahn als Hoteldieb, von Hehlerszenen, von Liebesbegegnungen und Zuchthausstrafen. Insgesamt brachte die Anlehnung an die im Rückblick erzählte Lebensgeschichte eines Hochstaplers den Roman Thomas Manns in eine unmittelbare Nähe zur Struktur des Schelmenromans.
Das **Zusatzmaterial 3,** S. 99, verdeutlicht die oben angeführten Parallelen und enthält darüber hinaus einige originale Textstellen aus den „Memoiren". Im Folgenden soll ein Aspekt der Ausführungen Manolescus aufgegriffen werden, der besonders anregend auf Thomas Mann wirkte: Der rumänische Hochstapler stilisierte seine Verbrechen zu einem permanenten Duell mit einer an Besitz und Geld hängenden Gesellschaft, wobei er als Waffen für sich Intelligenz, Kaltblütigkeit und das vollendete Spiel mit gesellschaftlichen Formen reklamierte. Manolescu verleiht seinen kriminellen Handlungen eine sozialromantische Note und rechtfertigt sie als bewussten Protest gegen eine morbide Gesellschaft. Auf dem Hintergrund der oben geschilderten Einflüsse will das **Arbeitsblatt 6,** S. 37, dazu anregen, den Roman Thomas Manns auf seine mögliche Gesellschaftskritik hin zu lesen:

- *Vergleichen Sie die Bemerkung Thomas Manns zu Manolescu sowie seine Notizen auf der Reklamekarte mit der Ausformung dieser Bemerkungen im Roman ca. 35 Jahre später (III, 3; S. 231).*
- *Inwieweit können Ihrer Meinung nach die „Bekenntnisse des Hochstaplers Felix Krull" als gesellschaftskritischer Roman gelesen werden?*

Bezüglich der ersten Frage fällt zunächst auf, dass auch der Bildinhalt der Karte in den Romantext eingeht (S. 231: „Zigarette im Mundwinkel, in den tiefen Korbstühlen sich rekelten"), was im Übrigen bezeichnend für die sich häufig an optischen Vorlagen orientierende Darstellungstechnik Thomas Manns ist. Die Ausführungen im Roman (kurz bevor der Rollentausch mit dem Marquis de Venosta erfolgt!) verdeutlichen zunächst die Übernahme des Grundgedankens unter dem Stichwort der „Vertauschbarkeit" (S. 231). Dabei wird der sozialkritische Ansatz Manolescus im Sinne einer Illusionsthematik abgeschwächt.

Das zeigt auch der im Folgenden vorgenommene Rollentausch, der eher mit einem artistischen Moment der Übertölpelung der Gesellschaft und weniger mit der Kritik an ihr verbunden ist. Mit diesem Gedanken kann auf die Beantwortung der zweiten Frage übergeleitet werden.
Gesellschaftskritische Elemente werden indirekt zum Ausdruck gebracht. Felix Krull fehlt zwar ein sozialkritisches Bewusstsein, aber er durchschaut die Scheinhaftigkeit der Welt, er erkennt sie als Bühne, als „theatrum mundi". Stellvertretend hierfür steht – auf seinen Champagner als Giftmischerei angesprochen – auch die Antwort seines Vaters: „[I]ch gebe dem Publikum, woran es glaubt" (S. 10). In Figuren wie Leutnant Übel, dem Paten Schimmelpreester, den Gästen des Hauses Krull, dem Hausarzt oder dem Rat Chateau wird die Gesellschaft in verschiedensten Bereichen entlarvt. Eine akzentuierte Sozialkritik kommt im späten „Felix Krull" zum Ausdruck. Felix Krull fühlt sich als „Fehlprodukt" (S. 131) der gesellschaftlichen Ordnung, spricht von der Armut, die den Besitzenden widerwärtig ist (vgl. S. 131) und lässt sich das Hotel als einen „ausbeuterischen Kasten" (S. 138) vorstellen. Im Hotel trifft er auf eine „überfütterte Luxusgesellschaft" (S. 213) und den „polierten Pöbel der Hotelsozietät" (S. 231f.).
Die oben angeführten gesellschaftskritischen Momente des Romans können nicht darüber hinwegsehen lassen, dass Felix Krull keinen sehnlicheren Wunsch hat, als genau in dieser Gesellschaft aufzusteigen und ihre Lebensform zu übernehmen. So verhält er sich letztlich affirmativ-konservativ gegenüber der sozialen Wirklichkeit, neben der Kritik steht immer auch die Faszination.
Abschließend ließe sich zur zweiten Frage sagen, dass es Thomas Mann weniger um einen sozialkritischen Ansatz als vielmehr um die Einsicht in den Täuschungscharakter der Welt geht.

Notizen

Der Schelmenroman

„[W]as würden Sie sagen, wenn ich das Felix-Krull-Fragment zu einem richtigen Schelmenroman ausbaute?"
Diese Frage Thomas Manns an Hermann Hesse in einem Brief vom 25.11.1947 verdeutlicht, dass der Autor seinen „Felix Krull" in der Traditionslinie des Schelmenromans sehen wollte. Die folgenden Ausführungen informieren über diesen Romantyp.

Der Schelm (mhd. schelm = Aas, Henker, Abdecker, ehrloser Mensch) ist nach älterem deutschen Sprachgebrauch kein Verbrecher, aber er ist auch kein ehrenwerter Mensch, er hält die Mitte zwischen Schalk und Schurke. Er will nicht das Böse, ist auch nicht hemmungslos bösen Instinkten hingegeben, er reagiert nur auf die Bosheit der Umwelt ebenso böse und hat nicht die ideale Vorstellung, sich moralisch intakt durchzubringen, sondern er will überleben und auch nicht schlecht überleben. Der Schelm ist durch Herkunft oder Schicksalsschläge unter die Armen und die den Unbilden schutzlos Ausgesetzten geraten, darum kann seine Gegenwehr nicht frontal sein, sondern muss die List zu Hilfe nehmen: er überlebt durch seine Schlauheit und sehr häufig durch seine rednerische Macht. Seine Stärke beruht auf der Kenntnis der menschlichen Schwächen, die er auch an den Etablierten und Hochgestellten, den Starken, Mächtigen und Wohlangesehenen erkennt, durch seine Schachzüge ausnutzt und zugleich entlarvt. Er tut das ohne Plan, nur von Fall zu Fall, von Not gedrungen und von Verlockung verführt. Der Schelm hat kein Lebensziel, er will nicht zu einem höheren Standard aufsteigen, er möchte nur auf bequeme, ehrgeizlose Weise das Leben genießen. Er hat auch kein Programm und will die Welt nicht verbessern. Seine Ziele liegen nah, er baut sein Leben nicht, sondern lässt sich treiben und fühlt sich da unbehaglich, wo es stetig und nach Ordnungen zugeht. Er bindet sich an keine Sache und kaum an einen Menschen, er ist kein Abenteurer, aber sein Leben verläuft abenteuerlich.
Da die negative Färbung des Wortes Schelm zur Moderne hin verblasste, wurde es im literarischen Bereich durch die international gültige spanische Bezeichnung Picaro ersetzt.
In der Literatur besitzt der Schelm eine heuristische Funktion. Er macht die Schwächen seiner Gegner sichtbar, indem er, ein scheinbar Naiver, diese Schwächen mit allen Mitteln der Verführung wirksam werden lässt und dadurch die Düpierung seiner Widersacher und den eigenen öffentlichen oder geheimen Triumph herbeiführt. Die Schelmenfigur ist daher ein Instrument der Satire, sie ist stets auf zweite Personen bezogen, die lächerlich gemacht werden, während er lacht. Daher ist der Schelm die gegebene Nebenperson in der Komödie, wie sie in Gestalt des listenreichen, überlegenen Dieners von der Antike bis heute auf der Bühne erscheint. Als Hauptgestalt der Dichtung tritt er immer dann in den Vordergrund, wenn Gesellschaft und Ordnung brüchig geworden sind und Satire gefragt ist. Dann dient er dazu, eine nur noch scheinbar auf den Höhen wandelnde Menschheit und zugleich die Literatur, die solche „hohen" Menschen zu ihren Helden macht, sowie die Ideologie, die eine Epoche verblendet hat, zu erschüttern und zu entthronen. Der durch den Schelm zu Wort kommende Realismus und die durch ihn vertretene einseitige Perspektive „von unten" zeigen die Menschen ihrer Scheinwürden entkleidet.
Ob das Schelmentum in mehr negativem oder mehr positivem Licht erscheint, richtet sich nach der inneren Position des Autors: Der Schelm kann skrupel- und gewissenlos sein, weil die Menschen nun einmal so sind; er kann so geworden sein, weil die Bosheit der Menschen ihn dazu gemacht hat; möglicherweise ist er aber gar nicht oder doch nicht immer skrupellos, sondern leidet an der Welt und ihren Scheinordnungen, denen er sich nicht fügen will und denen er sich doch nicht entziehen kann. Der Schelm ist Tunichtgut, Bösewicht, verkappter Moralist, je nach den Maßstäben seines zeitkritischen Schöpfers.
Unter den Göttern der Griechen ist der schlaue Hermes, Gott des „glücklichen Fundes", der Diebe, der Kaufleute, der Diener und der Redner, eine Art Schalk, der schon als kleines Kind seinem Bruder Apoll eine Rinderherde stiehlt (*Hermes-Hymnos*, 6. Jh. v. Ch.). Zu seinen Schützlingen gehört HOMERS listenreicher Odysseus (*Odyssee*, 8. Jh. v. Ch.), der nur dann zur Waffe greift, wenn er mit Beredtheit und Klugheit nicht zum Ziel gelangen kann. Neben heroischen Zügen trägt er die aus vorhomerischer Märchenmotivik stammenden Charakteristika des Schelms: Mit der Erfindung des hölzernen Pferdes siegt seine List über trojanisches Heldentum und trojanische Festungsmauern, mit List täuscht „Niemand" die gewalttätigen Kyklopen. Man kann nicht sagen, dass seine Mittel fein oder human seien, aber das Überleben des griechischen Heeres und das seiner in der Höhle Polyphems gefangenen Kameraden ist ihm wichtiger als Untadeligkeit. [...]
In der Epoche [der Renaissance] kam in Spanien eine neue zukunftsträchtige Gattung in Form des pikarischen Romans zur Geltung. Seine Entstehung ist vor dem Hintergrund des Verfalls der mittelalterlichen Ständeordnung zu sehen, der einen gesellschaftlichen Aufstieg lediglich durch Geld ermög-

lichte und damit die oberen Stände den unteren verdächtig machte sowie auf literarischem Gebiet die idealisierten Helden des traditionellen Ritterromans unglaubwürdig erscheinen ließ. [...]

Der in den komischen Partien geistlicher Dramen [...] entwickelte freche Diener und Picaro (= Schelm), der dann gelegentlich auch als Widersacher des aristokratischen Helden in den Mantel-und-Degen-Stücken auftauchte, erhielt im Roman seit dem anonym veröffentlichten *Lazarillo de Tormes (1554)* die Protagonistenrolle: Ein Bursche niederer und dunkler Herkunft, der, ohne den Rückhalt einer Familie, zuerst Opfer, dann Kenner und durchtriebener Meister der Ränke einer verdorbenen Welt wird und sich mit allen erlaubten und vielen unerlaubten Mitteln durchs Leben schlägt. Er gehört zu den Skeptikern, aber nicht zu den Rebellen; seine Handlungen werden vom Hunger, nicht von einem ideologischen Programm ausgelöst; er weiß sein theoretisches Christentum mit seinen gaunerhaften Praktiken zu vereinen, indem er in Gott den hilfreichen Förderer seiner Streiche sieht, wie sein Name aussagt (Lazarus = Der Herr hat geholfen, nach *Lukas 16*). Er verwirft die Gesellschaft nicht, noch will er sie umstürzen, er ist ein Anpasser. Jedoch kennt er das Gefühl menschlicher Solidarität, der Kameradschaft, deren Raum von seinen Tricks unberührt bleibt. Die episodische Reihung seiner Abenteuer, die nicht, wie im höfischen Roman, um ein Ziel, eine „Queste", gebaut sind, bringt jene Unruhe, Auflösung in Einzelbilder und räumliche Weite in den Roman, die, neben der Ich-Erzählung, typisch für das Formschema des pikarischen Romans ist. Des Picaros dunkle Herkunft ist das parodistische Gegenstück zur geheimnisvollen Abkunft höfischer Helden, und sein Mentor, ein blinder Bettler, der ihn Doppelspiel und Betrug lehrt, ein verzerrtes Spiegelbild ritterlicher Mentoren. Lazarillos Lebensweg führt manchmal auf Höhen, meist aber in Tiefen, wo er Diebe, Hehler, Gaukler, Zigeuner und Piraten kennenlernt, denen er sich zeitweise anschließt. Echte Bindungen kennt er nicht, auch die Gemeinschaft mit dem armen Hidalgo, seinem einzigen liebenswerten Partner, ist nur vorübergehend; seine Liebeserlebnisse sind auf das Sexuelle reduziert und infolgedessen auch flüchtigen Charakters. [...]

Das Formschema des pikarischen Romans, vor allem die Ich-Erzählung, übernahmen auch die deutschen Nachahmer der Gattung, aber die Titelfigur von GRIMMELSHAUSENS *Der Abenteuerliche Simplicissimus Teutsch* (1668) deckt sich mit dem Picarotyp nur für einige Strecken seines Soldatenlebens; seine religiöse Grundkomponente, sein Gewissen, sein Fragen nach einer höheren Ordnung trennen Simplicius vom Wesen des Picaro und machen aus der Reihung von Typischem ansatzweise die Entwicklung eines Individuums. Dagegen ist Grimmelhausens Landstörtzerin Courasche (*Trutz Simplex*, 1670) eine echte Picara, die lebenshungrig, mutig, hart, gewissen- und reuelos ihren Weg geht und es auf sechs Liebhaber und fünf Ehemänner bringt – eine weibliche Spielart der pikarischen Ruhelosigkeit.

Aus: Elisabeth Frenzel: Motive der Weltliteratur, Kröners Taschenbuchausgabe Band 301, 5. Auflage 1999, S. 631ff., Alfred Kröner Verlag, Stuttgart

- *Welche Merkmale charakterisieren den Schelm?*
- *Worin besteht die heuristische Funktion des Schelms in der Literatur?*
- *Was gehört zum Formschema eines Schelmenromans?*
- *Welche literarischen Beispiele führt der Text an?*

Grimmelshausen: „Der Abenteuerliche Simplicissimus Teutsch“ (1668)

Hans Jakob Christoffel von Grimmelshausen (1622 o. 1623 – 1676; Pseudonyme: German Schleifheim von Sulsfort, Samuel Greifenson von Hirschfeld) entstammte einer protestantischen Handwerkerfamilie, wurde 1635 Soldat und diente bis zum Ende des Dreißigjährigen Krieges (1618–1648) als Regimentssekretär. In diese Zeit dürfte auch seine Konversion zum Katholizismus fallen. Seit 1667 wird er als bischöflich Straßburger Schultheiß in Renchen nachgewiesen, wo er neben seinem Amt eine Schankwirtschaft betrieb, um sich den Lebensunterhalt verdienen zu können. Er ist der bedeutendste deutsche Erzähler der Barockzeit, der in seinem Hauptwerk *„Der Abenteuerliche Simplicissimus Teutsch“* (1668, auf dem Titelblatt vordatiert auf 1669, noch im selben Jahr wegen des Erfolgs um ein sechstes Buch erweitert) in Anlehnung an die volkstümlichen spanischen Schelmenromane wie den *„Lazarillo de Tormes“* (1554) in einer derb-realistischen Ich-Form die Schrecken und Wirren des Dreißigjährigen Krieges darstellt, bis sich die Titelgestalt zuletzt entschließt, ihr weiteres Leben als Einsiedler zu verbringen.

Der Roman schildert eine Welt, deren innere Ordnung aus den Fugen geraten ist. Dadurch, dass Grimmelshausen niemals moralisiert, sondern stets distanziert, aber sehr genau berichtet, bleibt er auch für heutige Leser interessant.

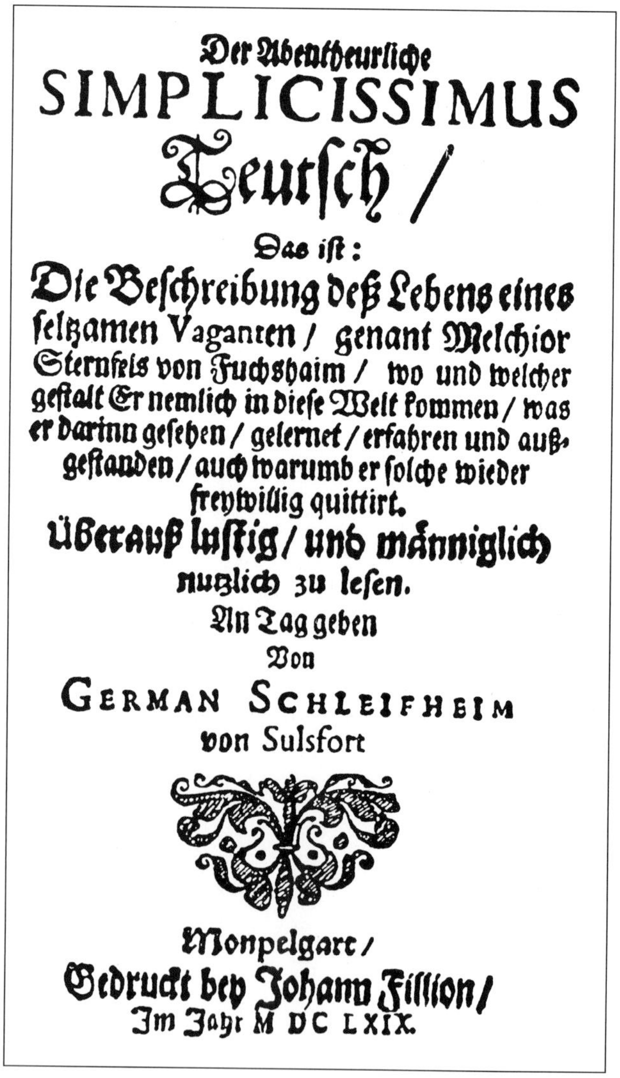
Der Abentheurliche
SIMPLICISSIMUS
Teutsch /
Das ist:
Die Beschreibung deß Lebens eines
seltzamen Vaganten / genant Melchior
Sternfels von Fuchshaim / wo und welcher
gestalt Er nemlich in diese Welt kommen / was
er darinn gesehen / gelernet / erfahren und auß-
gestanden / auch warumb er solche wieder
freywillig quittirt.
Überauß lustig / und männiglich
nutzlich zu lesen.
An Tag geben
Von
GERMAN SCHLEIFHEIM
von Sulsfort
Monpelgart /
Gedruckt bey Johann Fillion /
Im Jahr M DC LXIX.

Ich wurde durchs Fewer wie Phoenix geborn, Ich flog durch die Lüfte! wurd doch nit verlorn,
Ich wandert durchs Wasser/Ich raißt über Landt, in solchem Umbschwermen macht ich mit bekandt,
was mich offt betrüebet, und selten ergetzt, was war das? Ich habs in diß Buche gesetzt,
damit sich der Leser gleich, wie ich itzt thue, entferne der Thorheit und lebe in Rhue.

Grimmelshausens „Simplicissimus" gilt als erster bedeutender deutscher Prosaroman.

Als „überaus lustig und männiglich nutzlich" kündigt das Titelblatt des *Simplicissimus* dem Leser die Lektüre an. Worin das Vergnügen der Lektüre bestehen soll, liegt auf der Hand: da gibt es „Stücklein" und Abenteuer, Närrisches und Derbes, Märchenhaftes und Galantes, alles das ist unterhaltsam, ist lustig. Was hat es aber mit dem Nutzen auf sich? Nun, schon der Anfang des Romans zeigt den Zeitkritiker Grimmelshausen. Im weiteren Romanverlauf bleibt die kritische Einstellung erhalten, wenn auch mit einigen Modifizierungen. Neben den zeitkritischen Bemerkungen und ironisch-satirischen Einlagen (Ständebaum-Allegorie, Jupiter-Episode, Mummelsee-Episode) ist ein Teil der Kritik betont religiös-moralischer Art und eng mit dem Handeln der Hauptfigur verbunden. Die Diskurse des Simplicissimus mit Geistlichen über Sünde und Schuld, über Reue und Buße sowie seine immer wieder vorgebrachten Selbstanklagen gehören dazu.

Man kann demnach von drei Schichten des Romans sprechen: einer historisch-unterhaltenden, einer ironisch-satirischen mit zeitkritischer Funktion und einer religiös-moralischen, die mit dem Handeln des Helden zusammenhängt. Hierbei berührt die letztgenannte Schicht immer wieder die Frage: Wie findet der Mensch in einer bösen Welt, in der er jederzeit der Sünde verfallen kann, ein seliges Ende? [...]

Der versprochene Nutzen der Lektüre liegt also darin, dass der Leser über die Gefährdung und die Unzulänglichkeit des Menschen aufgeklärt wird. Das geschieht an Hand von typischen Beispielen, an denen es in Zeiten des Krieges natürlich nicht mangelt.

Zu fragen bleibt, wie diese Schichten integriert sind. Auch das kann nur angedeutet werden.

Es ist nicht so, dass diese drei Schichten jeweils streng funktional aufeinander bezogen sind. Obgleich in den fünf Büchern des Romans eine Kompositionsabsicht sichtbar wird [...] lässt sich doch an nicht wenigen Stellen nachweisen, dass der Erzähler Grimmelshausen innerhalb dieses Rahmens durchaus additiv vorgegangen ist: Erzählteile, wenn auch äußerlich durch den Helden verbunden, könnte man weglassen oder austauschen, ohne dass dies dem Ganzen sonderlich schaden würde. Das gilt vor allem für etliche „Stücklein" und Abenteuer und die dazugehörigen moralischen Erörterungen. Der Grund dafür liegt in der Anlage des Simplicissimus. Er ist weniger ein Charakter, an dem eine innere Entwicklung sichtbar wird, als vielmehr eine Figur, die durch verschiedene Situationen geführt wird und die ihr Handeln moralisch kommentiert oder von anderen kommentieren und erörtern lassen muss. Simplicius zieht aus dem so kommentierten Handeln kaum Konsequenzen für sein künftiges Verhalten, jedes neue „Stücklein" ist daher nicht unbedingt auf die vorhergehenden bezogen.

Diese Feststellung sagt nichts über den Rang des Romans aus, sie weist aber darauf hin, dass Dichtung des 17. Jahrhunderts nicht ohne Weiteres mit Begriffen des 19. Jahrhunderts verstanden werden kann: Die Begriffe des Entwicklungs- und Bildungsromans haben in Zusammenhang mit der Erzählpsychologie beim *Simplicissimus* die meiste Verwirrung gestiftet.

Aus: W. Schafarschik (Hrsg.): Der abenteuerliche Simplicissimus. Stuttgart: Reclam 1993, S. 2, 3, 157–159

- *Auf dem Titelblatt verspricht der Autor ein „männiglich" nützliches Leseerlebnis. Worin besteht dieser Nutzen?*
- *Der „Simplicissimus" wird als ein Roman „in Anlehnung" an den Schelmenroman gesehen. Welche Gemeinsamkeiten bestehen, welche Unterschiede deuten sich an?*

Simplicissimus und Felix Krull in Paris

Beide Romanfiguren machen in Paris ihr Glück. Während Simplicissimus als Pferdeknecht anfängt und als Beau Alman (als schöner Deutscher) bald von hochgestellten Damen begehrt wird, bringt es Felix Krull vom Liftboy zum Kellner und wird von der reichen Fabrikantengattin Madame Houpflé zum Gott Hermes stilisiert (vgl. II. Buch, 9. Kapitel).

■ *Lesen Sie die beiden folgenden Pariser Szenen, zwischen denen knapp 300 Jahre liegen.*

Hierauf sagte die Dame, so im Bett lag: „Allê[1] Monsieur Beau Alman, gee schlaff mein Herz, gom, rick su mir!" So viel hatte sie die Alte Teutsch gelernt; ich begab mich zum Bett, zu sehen, wie dann dem Ding zu tun sein möchte? und sobald ich hinzukam, fiel sie mir um den Hals, bewillkommte mich mit vielem Küssen, und bisse mir vor hitziger Begierde schier die unter Lefzen herab; ja sie fieng an mein Schlafbelz aufzuknöpfeln und das Hemd gleichsam zu zerreißen, zog mich also zu ihr, und stellte sich vor unsinniger Liebe also an, daß nicht auszusagen. Sie konnte nichts anders Teutsch, als Rick su mir mein Herz! das übrige gab sie sonst mit Gebärden zu verstehen.

Aus: Grimmelshausen: Der Abenteuerliche Simplicissimus Teutsch, 1668, viertes Buch, fünftes Kapitel; zit. nach: Schafarschik, S. 98

[1] Allê: französisch „allez": nun kommt

Von dieser Wahrnehmung gerührt, gurrte sie weich, mit einer Mischung aus Mitleid und Freude: „Oh, holde Jugend, viel schöner als dieser Leib, dem es vergönnt ist, sie zu entflammen!"
Damit begann sie, mit beiden Händen an dem Kragenverschluss meiner Jacke zu nesteln, ihn aufzuhaken und mit unglaublicher Geschwindigkeit ihre Knöpfe zu öffnen.
„Fort, fort, hinweg damit und damit auch", hasteten ihre Worte. „Ab und hinweg, dass ich dich sehe, dass ich den Gott erblicke! Hilf rasch! Comment, à ce propos, quand l'heure nous appelle, n'êtes-vous pas encore prêt pour la chapelle? Déshabillez-vous vite! Je compte les instants! La parure de noce![2] So nenn' ich deine Götterglieder, die anzuschaun mich dürstet, seit ich zuerst dich sah. Ah so, ah da! Die heilige Brust, die Schultern, der süße Arm! Hinweg denn endlich auch hiermit – oh, la, la, das nenne ich Galanterie! Zu mir denn, bien-aimé! Zu mir, zu mir..."

Aus: Thomas Mann: Bekenntnisse des Hochstaplers Felix Krull, S. 182f.

[2] A propos, sind Sie noch nicht bereit für die Kirche, wenn uns die Stunde ruft? Entkleiden Sie sich, schnell, ich zähle die Augenblicke! Hochzeitsschmuck! So nenn' ich deine Götterglieder ...

■ *Vergleichen Sie die beiden Teststellen.*
Welche Intention könnte Thomas Mann mit seiner Darstellung der Liebesbegegnung verfolgt haben?

„Mundus vult decipi" – Gesellschaftskritik im „Felix Krull"

1909 beginnt Thomas Mann mit den Vorarbeiten zum „Felix Krull". Die Lebensbeschreibung des europaweit Aufsehen erregenden Hoteldiebs und Hochstaplers Georges Manolescu, die 1905 in zwei Bänden erschienen war, spielte dabei eine besondere Rolle. Unter anderem las Thomas Mann in den Memoiren Manolescus Folgendes:

Man sollte glauben, dass [die Menschen] sich bewusst sind, wie schwer, ja wie unmöglich heute die Aristokratin von der eleganten Halbweltdame, der Millionär vom Hochstapler zu unterscheiden ist. Aber ich weiß aus langer Beobachtung das Gegenteil. Vom stolzen Kaufmann bis zum biederen Droschkenkutscher, vom hochmütigen Kavalier bis zum flinken Lift-Boy, – sie alle fliegen wie die Mücken ins Licht und lassen sich durch jeden Humbug blenden, betölpeln, bestehlen, während sie sich wunder wie lebensklug und weise vorkommen, wenn sie alle anständigen, ehrenhaften Menschen so lange als Halunken betrachten, bis diese ihnen das Gegenteil bewiesen haben …
Ist es da übertrieben, wenn ich behaupte, dass fast überall nur der Schein gilt, nicht das Wesen, nur die blendende Hülle und nicht der Kern? Und ist das nicht ein mildernder Umstand für den, der die Welt nach allen Regeln der Kunst betrügt, – die Welt, die seit Ewigkeit betrogen sein will, die förmlich vor Sehnsucht danach schreit, sich betrogen zu sehn?

Aus: Manolescu, Georges: Gescheitert. Aus dem Seelenleben eines Verbrechers. Berlin o. J. S. 115. Zitiert nach: Stein, Guido: Thomas Mann. Bekenntnisse des Hochstaplers Felix Krull. Paderborn: Schöningh Verlag 1984, S. 37

„Mundus vult decipi … Die Welt schreit von Ewigkeit danach, betrogen zu werden – sehr gut." Mit diesen Worten kommentiert Thomas Mann das Gelesene. Der Gedanke, dass die Gesellschaft auf den Schein eingerichtet ist und so im Selbstbetrug lebt, äußert sich auch auf einer am 26.1.1916 von Thomas Mann beschrifteten Reklamekarte für Fachinger Mineralwasser, die sich in den Arbeitsmaterialien zum „Felix Krull" fand:

„Hôtel-Halle. Moderne ‚Aristokratie'. Der Kellner könnte ebenso gut „Herrschaft" sein und jemand von der Herrschaft Kellner. Es ist der reine Zufall, dass es umgekehrt ist."[1]

- *Vergleichen Sie die Bemerkung Thomas Manns zu Manolescu und seine Notiz auf der Reklamekarte mit der Ausformung dieser Bemerkungen im Roman ca. 35 Jahre später (III, 3; S. 231).*
- *Inwieweit können Ihrer Meinung nach die „Bekenntnisse des Hochstaplers Felix Krull" als gesellschaftskritischer Roman gelesen werden?*

[1] Aus: Wysling, Leben in Bildern, S. 458; Thomas-Mann-Archiv der ETH Zürich

Baustein 3

„Felix Krull" als Parodie auf den Bildungsroman

Am Beispiel von Goethes „Wilhelm Meister" werden im ersten Teil des Bausteins (3.1) die formalen und inhaltlichen Merkmale des klassischen Bildungsromans erarbeitet und auf den „Felix Krull" bezogen.
Unter 3.2 wird der Roman Thomas Manns, der sich selbst schon sehr früh in der Tradition der großen autobiografischen Literatur gesehen hat, als Parodie auf die Bekenntnisliteratur des 18. Jahrhunderts gelesen.
Im dritten Teil des Bausteins (3.3) wird „Felix Krull" in den Kontext einer Geschichte des Romans gerückt. Dabei erweist sich „Felix Krull" als eine Erweiterung der Gattung des Schelmenromans und als Parodie auf den Bildungsroman.

3.1 Der klassische Bildungsroman

Unabhängig von seiner Nähe zum Romantyp des Schelmenromans wächst sich der „Felix Krull" im Laufe der Jahre seiner Entstehung „ zu einem vieles aufnehmenden humoristisch-parodistischen Bildungsroman"[1] (Thomas Mann in „Rückkehr", 1954) aus, mit dem Thomas Mann den humanistischen Bildungsgedanken der Goethezeit ironisch in Anspruch nimmt. In diesem Zusammenhang ist es vermutlich kein Zufall, dass der Romanheld den Vornamen des Sohnes von Wilhelm Meister trägt. Thomas Mann verschränkt den Schelmenroman mit dem Bildungsroman und funktioniert damit die kriminelle Karriere Felix Krulls in einen „Wilhelm-Meisterlichen" Bildungsprozess um.
So gebärdet sich Felix Krull als „Bildungsreisende[r]" (S. 384), der sich schon als Jüngling strebend (vgl. S. 37) und „bildend" (S. 37) um seine Entwicklung bemüht. Seine Hochstaplerexistenz deutet er als „aufreibende Laufbahn" (S. 27), in der u. a. Rozsa, die Dienerin der Liebe, entscheidend zu seiner „Ausbildung" (S. 124) beiträgt. Die Möglichkeit eines tatsächlichen Bildungserlebnisses im Gespräch mit Professor Kuckuck (III, 6; S. 261–287) wird im Folgenden vertan, sodass letztlich die gesellschaftliche lediglich um die geistige Hochstapelei erweitert wird: Seine Betrügereien bewähren sich in Lissabon nun auch im intellektuellen Bereich.
Der Protagonist im Bildungsroman schreitet Stufe für Stufe aufwärts und entfaltet seine Anlagen in der Auseinandersetzung mit der Gesellschaft allmählich zur Persönlichkeit. Er strebt ein Lebensziel an und bewährt und entwickelt sich dabei. Alle diese Merkmale sind im „Felix Krull" in ihr parodistisches Gegenteil verkehrt: „Bildung wird nicht in stumpfer Fron und Plackerei gewonnen, sondern ist ein Geschenk der Freiheit und des äußeren Müßigganges; man erringt sie nicht, man atmet sie sein" (S. 80).
Am Ende des „Felix Krull" steht nicht der Held des Bildungsromans, der seinen Charakter entwickelt und im Widerspiel mit der Gesellschaft zur freien Persönlichkeit entfaltet hat. Felix' Verwandlungen bleiben äußerer Natur. Das, was den Bildungsroman im Wesen ausmacht – die Entwicklung des Ichs – findet bei Felix nicht statt. Es bildet sich keine Identität, die durch stabile soziale Gefüge gestützt wird. Stattdessen ist es der Ich-Verzicht, der die

[1] Zit. nach: Wysling, Selbstkommentare, a. a. O., S. 127

Person Felix Krulls ausmacht. Er ist zwar überall, letztlich aber nirgendwo zu Hause. Dies wird im Roman jedoch nicht als möglicher Identitätsverlust thematisiert, sondern allein in seinen glückhaft-komischen Auswirkungen gezeigt.
Das **Arbeitsblatt 7**, S. 45, informiert die Schülerinnen und Schüler über „Wilhelm Meisters Lehrjahre" und Wesensmerkmale des Bildungsromans. Das **Zusatzmaterial 4,** S. 101, ergänzt diese Informationen durch einen Textauszug aus dem Roman Goethes und kann mit folgender Fragestellung bearbeitet werden:

- *Welche Ansprüche und Ziele an sein Leben formuliert Wilhelm an dieser (frühen) Stelle des Romans?*

In dem Brief, aus dem das Zusatzmaterial 4 einen Ausschnitt wiedergibt, formuliert Wilhelm das Ideal der Selbstbildung. Er strebt nach gleichmäßiger Ausbildung von Körper und Geist und damit nach einem adeligen Bildungsideal, womit er tendenziell seine bürgerliche Herkunft verleugnet. Der Brief wird zu einem Zeitpunkt geschrieben, als Wilhelm noch glaubt, diese Bildung „auf dem Theater zu finden".
Mithilfe des Arbeitsblattes 7 wird der Roman „Felix Krull" auf seine Bezüge zur traditionellen Form des Bildungsromans gelesen. Dazu können folgende Aufgaben bearbeitet werden:

- *Erarbeiten Sie die formalen und inhaltlichen Merkmale des Bildungsromans.*
- *„Der Bildungsroman, den Krull zu erzählen versucht, wird permanent parodistisch aufgehoben." – Belegen Sie diese These K. H. Schneiders. Wählen Sie als Ausgangspunkt für Ihre Überlegungen die Textstelle S. 80 Mitte („Bildung wird ...").*
- *Problematisieren Sie das Persönlichkeitsbild, das Felix Krull von sich selbst gibt, anhand der Textstellen S. 238 Mitte („Verkleidet war ...") und S. 54 unten („Mein Alltagsgewand ...").*
- *Felix Krull hat und gewinnt keine identische Natur. – Deuten Sie auf diesem Hintergrund die Teststellen S. 57 unten f. („Wie sehr ..."), S. 154 Mitte ff. („Universell von ..."), S. 264 oben („Es kostete ...") und S. 267 Mitte („Sanft und träumerisch ...").*

Die Ergebnisse zur ersten und zweiten Aufgabe werden im folgenden Tafelbild zusammengefasst. Die in der zweiten Aufgabe angegebene Textstelle verdeutlicht in einem grundsätzlichen Sinn, dass die Inanspruchnahme des humanistischen Bildungsgedankens durch Felix Krull kaum anders als parodistisch zu werten ist. So werden beispielsweise wenig später die Dienste seiner „Meisterin" (S. 124) Rozsa von „entscheidenste[r] Bedeutung" (S. 124) für Felix Krulls „Ausbildung" (S. 124). Viele Gaben, auch die zur „große[n] Freude" (S. 53), werden nicht erworben, sondern stehen Felix als „natürliche [...] Mitgift" (S. 55) zur Verfügung. Mögliche Gefährdungen, Irrwege und Verwicklungen werden letztlich spielerisch bewältigt oder umgangen, sodass genau das, was den Bildungsroman ausmacht, ausbleibt: eine ernsthafte, charakterliche Entwicklung. Oder mit Felix' Worten: „Bildung [...] erringt [man] nicht, man atmet sie ein" (S. 80).
Mithilfe einer tabellarischen Übersicht kann das Verhältnis „Felix Krulls" zum klassischen Bildungsroman abschließend zur ersten und zweiten Frage verdeutlicht werden.

Merkmale des **Bildungsromans**	im Vergleich zum **„Felix Krull"**
formal:	
• Mittelpunktsfigur • Dreiteilung nach dem Muster „Jugendjahre – Lehrjahre – Meisterjahre" • reflexive Einschübe	• Die Elemente der formalen Struktur werden aufgenommen.
inhaltlich:	
• In der Auseinandersetzung mit der Gesellschaft bildet der Held seine Persönlichkeit.	• Spielerisch-krimineller Umgang mit der Gesellschaft: Parodie des Bildungsbegriffs
↓	↓
Ich-Findung durch charakterliche Entwicklung	**Rollenspiele statt Identität**

Die in Aufgabe 3 angegebenen Textstellen lassen sich negativ als eine Form von Identitätsdiffusion auslegen. Felix Krull, der jede Form übernehmen kann und seine Rolle glänzend spielt, hat kein individuelles Sein. Er stellt eine illusionäre Existenz dar, die ein „Ich-Selber-Sein" (S. 238) nicht kennt. Trotz entsprechender Bekenntnisse aus Felix' Mund selbst, die sich bis zum Selbstekel steigern können (vgl. S. 54), entwickelt sich aus der Identitätsproblematik keine Lebenskrise, sondern bei vielen Gelegenheiten – und nach dem Rollentausch mit dem Marquis endgültig – ein erhöhtes Daseinsgefühl. Dies wird durch die Bearbeitung von Aufgabe 4 deutlich. Die hier angegebenen Textstellen verknüpfen die Zufriedenheit über den Existenzwechsel dabei insbesondere mit dem Namenswechsel. Der drohende Verlust der Identität wird in der Unbeschwertheit Felix Krulls aufgehoben, die ihm die dauerhafte Sympathie des Lesers sichert.

3.2 Parodie der Bekenntnisliteratur

Thomas Mann hat sich schon früh in der Tradition der großen autobiografischen Literatur gesehen. Zur Entstehung seiner eigenen Werke schreibt er: „Wozu, woher überhaupt Schriftstellertum, wenn es nicht geistlich-sittliche Bemühung ist um ein problematisches Ich?"[1] Autobiografisches Schreiben bedeutet, auch für Thomas Mann, psychologische und moralische Selbstanalyse zwischen Selbstbezweifelung und Rechtfertigung.
Neben autobiografischen Schriften von Augustinus, Nietzsche, Dostojewski, Tolstoi, Strindberg und anderen sind es vor allem Rousseaus „Confessions" und Goethes „Dichtung und Wahrheit", die Thomas Mann im Zusammenhang mit dem „Felix Krull" erwähnt.
Thomas Mann dürfte Rousseaus „Confessions" schon 1904 kennengelernt haben. Er sieht hinter den „Bekenntnissen" Rousseaus eine artistische Eitelkeit, der es darum geht, bekannt und geliebt zu werden. Im Hinblick auf den Beginn des erstes Buches notiert er 1905: „Wenn

[1] Aus: Mann, Thomas: Betrachtungen eines Unpolitischen. Gesammelte Werke, Band 12. Frankfurt/M., Fischer 1974, S. 20

dieser Mensch die Wahrheit mehr liebt als sich selbst, so will ich ein Dummkopf sein. Er ist kein Wahrheitsfanatiker – und jedenfalls lange vorher ein fanatischer Literat. Am Anfang steht die prickelnde Neuheit, das literarisch Verblüffende eines unbedingten Bekenntnisses […]."[1]
Für Thomas Mann bleibt die Erkenntnis, dass ein ausgeprägt lebhaftes Ich-Gefühl die Wurzel autobiografischen Schreibens ist.
In Goethes „Dichtung und Wahrheit" erkennt Thomas Mann dagegen eine Selbstliebe, die er uneingeschränkt positiv als Lust am eigenen Werden und Wachsen wertet und als eine Form der Selbstaussage auffasst, die ins Repräsentative, objektiv Interessante und Überzeitliche verweist.
Die Parodie auf die große autobiografische Literatur, speziell die des 18. Jahrhunderts und Goethes „Dichtung und Wahrheit", gehört – neben der Künstlerparodie (vgl. Baustein 4) – zu den frühen Schreibabsichten Thomas Manns. In einem Brief an Paul Amann vom 3.8.1915 heißt es dazu: „Und dabei ist der ‚Zauberberg' selbst nur eine Einschaltung, – ich unterbrach um seinetwillen einen Roman, der erst zu einem Drittel fertig ist: ‚Bekenntnisse des Hochstaplers Felix Krull', – ein grundwunderliches Unternehmen, die Karikatur der großen Autobiografie und im Stil selbst eine Parodie auf ‚Dichtung und Wahrheit', aber positiv endlich doch in seiner verzerrten Lyrik. Sobald ich mit dem ‚Zauberberge' zu Rande bin – und das wird noch lange dauern – muss ich wieder unter jenes närrische Joch."[2]
Dass die ironische Annäherung an die autobiografische Literatur eher liebevoll als zersetzend gemeint war, wird im obigen Brief ebenso deutlich wie in einer Bemerkung aus dem Lebensabriss aus dem Jahre 1930: „Nach der Zurücklegung von ‚Königliche Hoheit' hatte ich die ‚Bekenntnisse des Hochstaplers Felix Krull' zu schreiben begonnen – ein sonderbarer Entwurf, auf den, wie viele erraten haben, die Lektüre der Memoiren Manolescus mich gebracht hatte. Es handelte sich natürlich um eine neue Wendung des Kunst- und Künstlermotivs, um die Psychologie der unwirklich-illusionären Existenzform. Was mich aber stilistisch bezauberte, war die noch nie geübte autobiografische Direktheit, die mein grobes Muster [gemeint sind die Memoiren G. Manolescus, F. W.] mir nahelegte, und ein fantastischer geistiger Reiz ging aus von der parodistischen Idee, ein Element geliebter Überlieferung, das Goethisch-Selbstbildnerisch-Autobiografische, Aristokratisch-Bekennerische, ins Kriminelle zu übertragen. Ich schrieb das ‚Buch der Kindheit' [das erste Buch des Romans, F. W.], wie es als Torso des geplanten Ganzen in einer Ausgabe der ‚Deutschen Verlagsanstalt' vorliegt, mit so viel Lust, dass es mich nicht wunderte, als Kenner das Fragment für das Glücklichste und Beste erklärten, was ich gemacht hätte. Es mag in gewissem Sinn das Persönlichste sein, denn es gestaltet mein Verhältnis zur Tradition, das zugleich liebevoll und auflösend ist und meine schriftstellerische ‚Sendung' bestimmt. Die inneren Gesetze, nach denen später der ‚Bildungsroman' des ‚Zauberbergs' sich herstellte, waren ja verwandter Natur.
Den Krull'schen Memoirenton, ein heikelstes Balancekunststück, lange festzuhalten, war freilich schwer […]."[3]
Der Autobiograf gelangt über die Reflexion zur Kenntnis seiner selbst. Dem Ideal der Persönlichkeitsbildung entsprechend hat das Schreiben zum einen eine Eigenfunktion, indem es der gedanklichen Klärung des eigenen Lebens dient, erlangt zum anderen aber auch eine didaktische Dimension, weil es dem Leser die Bildung einer „Welt- und Menschensicht" (Goethe) ermöglicht. All dies parodiert Thomas Mann mit seinem „Felix Krull", einer „Rousseau-Goethe'schen Autobiografie"[4] (Thomas Mann am 1.3.1923 an Felix Bertaux), wenn Felix' Selbstverliebtheit ohne eine Spur von Selbstkritik und trotz aller gegenteiliger Beteuerungen von Anfang bis zum Ende des Romans ungebrochen bleibt.

---

1 Zit. nach: Wysling, Narzissmus, a.a.O., S. 59
2 Aus: Wysling, Selbstkommentare, a.a.O., S. 70
3 Ebd., S. 83f.
4 Zit. nach: Guido Stein: Thomas Mann. Bekenntnisse des Hochstaplers Felix Krull. Paderborn: Schöningh Verlag 1984, S. 66

Die oben aufgeführten Aspekte können den Schülerinnen und Schülern über die Analyse des ersten Romankapitels (I, 1; S. 7–11) vermittelt werden. Dabei regt das **Arbeitsblatt 8**, S. 47, zu einem Vergleich mit Rousseaus „Confessions“ an, während das **Arbeitsblatt 9**, S. 48 die Perspektive auf Goethes „Dichtung und Wahrheit“ eröffnet.

Das **Arbeitsblatt 8** wird mithilfe der folgenden Fragen bearbeitet:

- *Charakterisieren Sie die autobiografische Erzählhaltung Rousseaus.*
- *Vergleichen Sie den Ausschnitt aus Rousseaus „Confessions“ mit den Seiten 7–8 Mitte aus „Felix Krull“.*
- *Die autobiografische Literatur des 18. Jahrhunderts gibt – wie der Bildungsroman – einen Lebensrückblick von einem reifen Erfahrungsstand aus, der Irrwege und Verfehlungen nicht verschleiert. Entlarven Sie auf diesem Hintergrund den Versuch des Memoirenschreibers Felix Krull als Attitüde. Beziehen Sie neben der Seite 7f. dabei weitere Textstellen mit ein.*

Im Hinblick auf die erste und zweite Frage wird die nahezu identische autobiografische Erzählhaltung beider Texte deutlich. So wie Rousseau liefert Felix Krull eine Selbstvorstellung, er unterscheidet zwischen erzählendem und erlebendem Ich, charakterisiert die Form seiner Darstellung und lehnt sich an Rousseaus pathetisch vorgetragenen Wahrheitsanspruch an, indem er „mit dem vollendetsten Freimut vorzugehen“ (S. 8) gedenkt.
Die Bearbeitung der dritten Aufgabe verdeutlicht die parodistische Aufhebung der klassischen autobiografischen Erzählhaltung. Der Erzähleingang Seite 7f. selbst weist bereits ironische Brüche auf. So ist das Elternhaus feinbürgerlich, „wenn auch liederlich […]“ (S. 7). Der Vater besitzt „viel persönliche Grazie“ (S. 7), „wiewohl dick und fett“ (S. 7). Die Tendenz zur Selbststilisierung (dem Schreiber ist eine „saubere […] und gefällige […] Handschrift“ (S. 7) eigen, er beherrscht seinen Stoff vollkommen, er ist natürlich begabt und von guter Kinderstube) setzt sich bruchlos in dem gesamten Roman fort und erweist so den Anspruch der „Wahrhaftigkeit“ (S. 8) als Attitüde. Der Memoirenschreiber Felix Krull ist weit von einer Lebensbeichte entfernt; er hat nichts zu bereuen, nichts richtigzustellen, in allem und immer wieder entdeckt er nur seine eigenen Vorzüge: Die Zuchthausstrafe wird gar nicht erst erwähnt, Diebstähle werden zum zufälligen Erwerb und die Simulation von Krankheit zum künstlerisch-geistigen Ereignis. Besonders eindrücklich wird die Selbststilisierung und Tendenz zur Beschönigung vorgeführt, wenn es um die Schilderung des ersten erotischen Abenteuers mit Genovefa (I, 8; S. 52 oben) geht.
Die folgende Fragestellung auf dem **Arbeitsblatt 9** zielt auf den Zusammenhang von „Dichtung und Wahrheit“ und „Felix Krull“:

- *Charakterisieren Sie die Landschaftsschilderung und die Art ihrer sprachlichen Gestaltung.*
- *Vergleichen Sie den Text Goethes mit dem Roman auf Seite 8 („Der Rheingau … blickte“). Welche Rückschlüsse auf die Schreibabsicht Thomas Manns sind möglich?*

Goethe poetisiert die Landschaft und bedient sich dabei charakteristischer sprachlicher Mittel, wie z. B. der Unterbrechung der Sätze und Stauung der Gefüge durch Adverbial- und Partizipialkonstruktionen. Im Hinblick auf die zweite Frage wird deutlich, dass Thomas Mann Goethes „Dichtung und Wahrheit“ als Stilquelle benutzt. Er zitiert aber nicht, sondern entlehnt syntaktische Eigenheiten und imitiert so den Stil Goethes. Ein parodistischer Effekt entsteht durch das Missverhältnis von sprachlicher Form und Inhalt der Textstelle, die die

Herkunft eines Betrügers und nicht mehr das sich bildende Ich der autobiografischen Literatur des 18. Jahrhunderts beschreibt. Neben der Landschaftsschilderung, die auf dem Arbeitsblatt 9 abgedruckt ist, stellt Thomas Mann weitere Bezüge zu „Dichtung und Wahrheit" her: So verweist Felix Krull ähnlich wie Goethe auf eine schwierige Geburt, auf das günstige Horoskop seiner Geburtsstunde, welches ihn zum Sonntagskind und Vorzugskind des Himmels mache. Dazu kommen eine außerordentliche Sprachbegabung und die jugendliche Leidenschaft für das Theater.

3.3 „Felix Krull" im Kontext einer Geschichte des Romans

Das entscheidende Strukturelement des Romans ist ein über die Welt reflektierendes Ich. Damit geht eine zunehmende Betonung der Innenwelt vor der Außenwelt einher. Während das Epos des Mittelalters im Wesentlichen das Abenteuer der Außenwelt erzählt, tritt im Roman das Abenteuer der Innenwelt hinzu. Die äußere Handlung des Romans dient wesentlich der Weiterentwicklung der inneren Handlung, indem die Auswirkungen der erzählten Ereignisse auf das Individuum aufgezeigt werden.
Der oben skizzierte Umbruch vom Epos zum Roman nimmt im 16. Jahrhundert in Spanien Gestalt an. Mit dem „Lazarillo von Tormes" (1554) und endgültig mit Cervantes' „Don Quijote" (1605/1615) beginnt die Geschichte des europäischen Romans. Eine Entsprechung in der deutschen Literatur stellt Grimmelshausens „Simplicissimus" (1668) dar. Kennzeichnendes Merkmal der genannten Werke ist die Tatsache, dass sich aus der Reihung von typisierenden Merkmalen einer Figur allmählich die Entwicklung eines Individuums abzeichnet.
Den Schülerinnen und Schülern können die skizzierten Zusammenhänge durch einen Lehrervortrag mit entsprechenden Tafelbild vermittelt werden sowie durch eine sich anschließende Partnerarbeit zu einem Zitat Thomas Manns (vgl. **Arbeitsblatt 10**, S. 49).

Vom Epos zum Roman

13. Jhd. — 16./17. Jhd. — 21. Jhd.

Epos
- Versepos: gebundene Sprache
- höfische Literatur
- Heldentypen
- geschlossenes Weltbild

Roman
- Prosa
- bürgerliche Literatur
- Individuen
- realistische Annäherung an die Gesellschaft

Vorformen: Ritterromane
„Lazarillo"(1554)
„Don Quijote" (1605/1615)
„Simplicissimus" (1668)

- *Lesen Sie die Aussage Thomas Manns aus dem Jahr 1930.*

„Nach der Zurücklegung von ‚Königliche Hoheit' hatte ich die ‚Bekenntnisse des Hochstaplers Felix Krull' zu schreiben begonnen – ein sonderbarer Entwurf, auf den, wie viele erraten haben, die Lektüre der Memoiren Manolescus mich gebracht hatte. Es handelte sich natürlich um eine neue Wendung des Kunst- und Künstlermotivs, um die Psychologie der unwirklich-illusionären Existenzform. Was mich aber stilistisch bezauberte, war die noch nie geübte autobiografische Direktheit, die mein grobes Muster [gemeint sind die Memoiren G. Manolescus, F. W.] mir nahelegte, und ein fantastischer geistiger Reiz ging aus von der parodistischen Idee, ein Element geliebter Überlieferung, das Goethisch-Selbstbildnerisch-Autobiografische, Aristokratisch-Bekennerische, ins Kriminelle zu übertragen. Ich schrieb das ‚Buch der Kindheit' [das erste Buch des Romans, F. W.], wie es als Torso des geplanten Ganzen in einer Ausgabe der ‚Deutschen Verlagsanstalt' vorliegt, mit so viel Lust, dass es mich nicht wunderte, als Kenner das Fragment für das Glücklichste und Beste erklärten, was ich gemacht hätte. Es mag in gewissem Sinn das Persönlichste sein, denn es gestaltet mein Verhältnis zur Tradition, das zugleich liebevoll und auflösend ist und meine schriftstellerische ‚Sendung' bestimmt […]."

Aus: Wysling, Selbstkommentare, a. a. O., S. 83f.

- *Ergänzen Sie nun die folgende Grafik, die das Verhältnis von „Felix Krull" zur Tradition des Schelmen- und des Bildungsromans veranschaulicht.*

Mit der Bearbeitung der Aufgabe werden Ergebnisse des zweiten und dritten Bausteins aufgegriffen. Dabei wird Thomas Manns Umgang mit der literarischen Tradition deutlich. Im Zitat findet sich ein Hinweis auf eine weitere Leseart des Romans, wenn Thomas Mann sagt, dass es sich beim „Felix Krull" um eine „neue Wendung des Kunst- und Künstlermotives" handele. Dies kann als Überleitung auf die Arbeit mit Baustein 4 aufgegriffen werden.
Das Ergebnis der Partnerarbeit zu Arbeitsblatt 10 könnte so aussehen:

„Felix Krull" in der Tradition des Schelmen- und Bildungsromans

Lazarillo de Tormes (1554)

Simplicissimus (1668)

Schelmenromane

Wilhelm Meister (1795/96)
Dichtung und Wahrheit (ab 1811)

Bildungsromane/ autobiografische Bekenntnisschriften

Felix Krull

Thomas Mann verarbeitet im „Felix Krull" zwei bedeutende Romantraditionen. Dabei erweitert er den Gattungstyp des Schelmenromans und parodiert den des Bildungsromans.

Goethes „Wilhelm Meisters Lehrjahre“ (1795/6) als Bildungsroman

Der Bildungsroman ist ein in der Weimarer Klassik entstandener Romantyp, der die Bildung eines Menschen, die als innere Entwicklung verstanden wird, beschreibt. Ziel der Bildung ist die „vollendete Humanität“ (Wilhelm Dilthey, 1906).

„Wilhelm Meisters Lehrjahre“ (1795/96) und „Wilhelm Meisters Wanderjahre oder die Entsagenden“ (1821, erweitert 1829) von Johann Wolfgang von Goethe gelten als Prototypen des Bildungsromans.

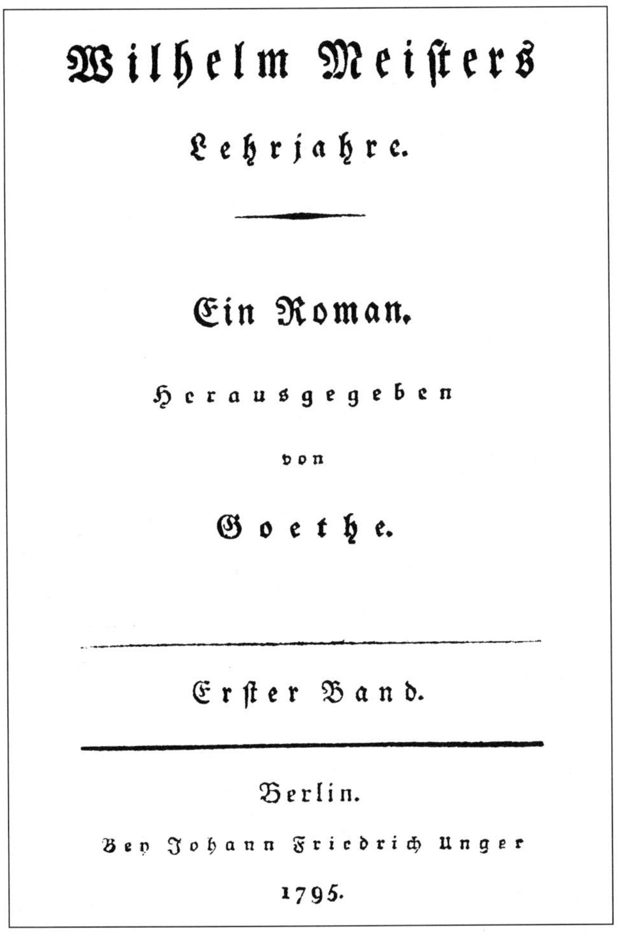
Wilhelm Meisters
Lehrjahre.
Ein Roman.
Herausgegeben
von
Goethe.
Erster Band.
Berlin.
Bey Johann Friedrich Unger
1795.

Die Frühfassung seines Romans „Wilhelm Meisters Lehrjahre“, die den Titel „Wilhelm Meisters theatralische Sendung“ trug, war von Goethe als Theater- und Künstlerroman gedacht; mit der endgültigen Fassung aus den Jahren 1795 und 1796 war aus dem Theaterroman ein Gesellschaftsroman geworden, der auch geistige und religiöse Fragen einschloss.

Wilhelm, in Handelsgeschäften unterwegs, aber weit mehr an der Bühne als am Kaufmannsdasein interessiert, kommt auf seiner Fahrt mit allen Schichten der Gesellschaft in Berührung: Er gelangt in Dörfer, Städte und Schlösser, begegnet Räubern, Bauern und Bürgern, Händlern und Handwerkern, Geistlichen und Schaustellern, Fabrikanten und Beamten, Landadeligen und Offizieren. Mit einem Reichsgrafen und seiner Gemahlin ist die Sphäre des Hochadels erreicht. Das Theaterwesen dient als Vehikel, auf dem Wilhelm zu den entscheidenden Stationen seiner sozialen und individuellen Bildung kommt, mit zahlreichen Um- und Abwegen.

Die Reihe der Menschen, die ihm begegnen, ist lang. Aus der Welt des Theaters etwa dem eher jämmerlichen Ehepaar Melina, aber auch dem überlegenen Theaterprinzipal Serlo, der ihm Gelegenheit gibt, den „Hamlet“ zu spielen. Aus der Alltagswelt dem Wirt, der mit den Schauspielern um die Zeche streitet, und dem Stallmeister, der den Schauspielerinnen nachstellt, aber nur blaue Flecken heimbringt; dem Unternehmer, der im Winter seine Arbeiter als Laienspielschar bei Laune, aber auch in Lohn und Brot hält.

Am nachhaltigsten wirkt die Folge der Frauengestalten, den die Wohltäterin Natalie, Wilhelms spätere Frau, abschließt und krönt. Eröffnet wird die Reihe der Begegnungen von der reizenden Mariane, Wilhelms erster Geliebten, der unglücklichen Mutter seines Sohnes Felix; dann die Heroine Aurelie, Serlos Schwester, verletzt und verletzend, die ihre Erfahrungen mit den Männern im Allgemeinen und mit Wilhelm im Besonderen mit dem Dolch weiterreicht. Schließlich das Gegensatzpaar Philine und Mignon, das lockende Naturkind und die tragisch-faszinierende Naive – beiden verfällt Wilhelm, beiden verdankt er aber auch wesentliche Erkenntnisse über sich selbst.

In Philine sammelt sich aller Charme natürlicher Triebhaftigkeit, in Mignon und ihrem Vater, dem Harfner, eine Tragik, die ihren Grund ebenfalls in der Natur selber hat. Niemand vermag das Kind aus der Inzest-Ehe zu heilen oder zu retten, der medizinische und pädagogische Optimismus der Aufklärung zerschellt an der grausam-gleichgültigen Gegebenheit der Natur. Nur in der religiös geprägten Welt Natalies findet das unerklärliche Wesen Mignons wenigstens Ruhe, vielleicht sogar Hoffnung auf Wandlung.

Die Verwirklichung seiner Bildungserlebnisse führt Wilhelm am Ende des ersten Bandes zum Glück. Er sagt: „Ich kenne den Wert eines Königreiches nicht […], aber ich weiß, dass ich ein Glück erlangt habe, das ich nicht verdiene und das ich mit nichts in der Welt vertauschen möchte.“[1]

[1] Aus: Goethes Werke, hrsg. von Erich Trunz (Hamburger Ausgabe). München: Verlag C. H. Beck 1998, S. 610

Ob beide Bände zusammen als uneingeschränkt positiver Bildungsroman aufzufassen sind, wird durch den zweiten Band („Wilhelm Meisters Wanderjahre oder die Entsagenden“, 1821 und 1829) fraglich: Das relativ intakte, unbezweifelte Kultur- und Gesellschaftssystem, auf dem der erste Band basiert, existiert nicht mehr, und im dritten Buch der „Wanderjahre“ bricht auch für Goethe die ökonomisch-soziale Frage auf. Das Bildungsideal der „Wanderjahre“ wird dynamischer und offener, wenn es vom Menschen heißt: „Wirst du doch immer aufs Neue hervorgebracht, herrlich Ebenbild Gottes [...] und wirst sogleich wieder beschädigt, verletzt von innen oder von außen.“[1]

Angelehnt an die Beobachtungen zu Goethes Bildungsroman lassen sich die Merkmale, die diesen Romantyp kennzeichnen, so zusammenfassen: Eine Mittelpunktsfigur bildet das Zentrum der Handlung; ein zunächst konträres Verhältnis zur Umwelt setzt die Handlung in Gang, in deren Verlauf sich der Held „erfährt“ und seine Persönlichkeit entwickelt; die Ich-Findung des Helden im Rahmen einer ausgebildeten Humanität ist die Zielvorstellung des Bildungsprozesses; häufig ist der Aufbau des Bildungsromans durch eine Dreiteilung nach dem Muster „Jugendjahre – Lehrjahre – Meisterjahre“ gekennzeichnet; an Angelpunkten der Entwicklung sind Rückblicke und Reflexionen der Erzählerfigur eingeschoben, die die Entwicklung des Helden deuten und bewerten.

- *Erarbeiten Sie die formalen und inhaltlichen Merkmale des Bildungsromans.*
- *„Der Bildungsroman, den Krull zu erzählen versucht, wird permanent parodistisch aufgehoben.“ – Belegen Sie diese These K. H. Schneiders. Wählen Sie als Ausgangspunkt für Ihre Überlegungen die Textstelle S. 80 Mitte („Bildung wird ...“).*
- *Problematisieren Sie das Persönlichkeitsbild, das Felix Krull von sich selbst gibt, anhand der Textstellen S. 238 Mitte („Verkleidet war ...“) und S. 54 unten („Mein Alltagsgewand ...“).*
- *Felix Krull hat und gewinnt keine identische Natur. – Deuten Sie auf diesem Hintergrund die Textstellen S. 57 unten f. („Wie sehr ...“), S. 154 Mitte ff. („Universell von ...“), S. 264 oben („Es kostete ...“) und S. 267 Mitte („Sanft und träumerisch ...“).*

[1] Aus: Goethes Werke, hrsg. von Erich Trunz (Hamburger Ausgabe), 47, Band 8. Verlag C. H. Beck, München 1998, S. 460

Jean-Jacques Rousseau: „Die Bekenntnisse"

Der französische Philosoph Jean-Jacques Rousseau (1712–1778) macht seine eigene Existenz zum Ausgangspunkt seines Denkens. Er gilt als einer der egozentrischsten Vertreter der Geschichte der Philosophie. Nach schwerer Kindheit führte er ein Vagantenleben, das er mit für die damalige Zeit schonungsloser Offenheit in seinen „Confessions" (1782– 1789) beschrieben hat. Im Folgenden ist das Vorwort und der Beginn des ersten Buches abgedruckt.

Dies ist das einzige Bild eines Menschen, genau nach der Natur und in seiner ganzen Wahrheit gemalt, das es gibt und wahrscheinlich je geben wird. Wer Sie auch sind, den mein Schicksal oder mein Vertrauen zum Schiedsrichter über das Geschick dieses Heftes gemacht hat, ich beschwöre Sie bei meinem Unglück, bei Ihrem Innersten und im Namen der ganzen menschlichen Art; zerstören Sie nicht ein einzigartiges und nützliches Werk, das als erstes Vergleichsstück beim Studium der Menschen dienen kann, einem Studium, welches erst beginnen muss, und entziehen Sie nicht der Ehre meines Andenkens das einzige zuverlässige Denkmal meines Charakters, das von meinen Feinden nicht entstellt worden ist. Sollten Sie gar selbst einer jener unversöhnlichen Feinde sein, so hören Sie auf, auch noch ein Feind meiner Asche zu sein und tragen Sie Ihre grausame Ungerechtigkeit nicht bis in eine Zeit, da Sie und ich nicht mehr sein werden. So werden Sie sich wenigstens einmal das edle Zeugnis ausstellen können, großmütig und gut gewesen zu sein, als Sie boshaft und rachsüchtig sein konnten: Wenn denn überhaupt ein Unrecht, das an einem Menschen begangen wird, der nie welches beging oder begehen wollte, den Namen Rache tragen kann.

BUCH I

Intus, et in cute

Ich beginne ein Unternehmen, das ohne Beispiel ist und das niemand nachahmen wird. Ich will meinesgleichen einen Menschen in der ganzen Naturwahrheit zeigen, und dieser Mensch werde ich sein.
Ich allein. Ich lese in meinem Herzen und kenne die Menschen. Ich bin nicht wie einer von denen geschaffen, die ich gesehen habe; ich wage sogar zu glauben, dass ich nicht wie einer der Lebenden gebildet bin. Wenn ich nicht besser bin, so bin ich wenigstens anders. Ob die Natur wohl oder übel daran tat, die Form zu zerstören, in die sie mich gegossen hatte, kann man erst beurteilen, nachdem man mich gelesen hat.
Mag die Posaune des Jüngsten Gerichts wann immer erschallen, ich werde mit diesem Buch in der Hand mich vor den obersten Richter stellen. Ich werde laut sagen: „Sieh, so handelte ich, so dachte ich, so war ich! Ich habe das Gute und das Böse mit dem gleichen Freimut erzählt. Ich habe nichts Schlimmes verschwiegen, nichts Gutes hinzugefügt. [...] Ich habe mein Inneres entblößt, so wie du selbst es gesehen hast. Ewiges Wesen, versammle um mich die unzählbare Schar meiner Mitmenschen; sie sollen meine Bekenntnisse hören, über meine Nichtswürdigkeit seufzen und über meine Nöte erröten. Jeder von ihnen enthülle seinerseits sein Herz mit der gleichen Aufrichtigkeit zu den Füßen deines Throns, und dann möge auch nur einer dir sagen, wenn er es wagt: Ich war besser als dieser Mensch da!"
Ich bin in Genf im Jahre 1712 als Sohn eines Bürgers Isaac Rousseau und der Bürgerin Suzanne Bernard geboren [...].

Aus: Jean-Jacques Rousseau: Die Bekenntnisse, übers. v. Alfred Semerau, München 1981, S. 7ff., © Artemis & Winkler

- *Charakterisieren Sie die autobiografische Erzählhaltung Rousseaus.*
- *Vergleichen Sie den Ausschnitt aus Rousseaus „Confessions" mit den Seiten 7–8 Mitte aus „Felix Krull".*
- *Die autobiografische Literatur des 18. Jahrhunderts gibt – wie der Bildungsroman – einen Lebensrückblick von einem reifen Erfahrungstand aus, der Irrwege und Verfehlungen nicht verschleiert. Entlarven Sie auf diesem Hintergrund den Versuch des Memoirenschreibers Felix Krull als Attitüde. Beziehen Sie dabei neben der Seite 7f. weitere Textstellen mit ein.*

Felix Krulls Herkunft

„Der Rheingau hat mich hervorgebracht …"(S. 8). Diese pathetische Wendung Felix Krulls leitet die Beschreibung seiner Herkunft ein. Thomas Mann hat sich dabei von einer Landschaftsschilderung Goethes leiten lassen und legt Eltville (Ellfeld, bei Goethe: Elfeld) als Geburtsort Felix Krulls fest.
Die Landschaftsschilderung findet sich in Goethes autobiografischer Schrift „Dichtung und Wahrheit" (ab 1811). Im zweiten Teil des neunten Buches schildert Goethe, wie er zum ersten Mal das Straßburger Münster bestiegen hat, um bei „einer hohen und heiteren Sonne" den Anblick des „weiten, reichen Landes" zu genießen:

„Und so sah ich denn von der Plattform die schöne Gegend vor mir, in welcher ich eine Zeitlang wohnen und hausen durfte: die ansehnliche Stadt, die weitum liegenden, mit herrlichen dichten Bäumen besetzten und durchflochtenen Auen, diesen auffallenden Reichtum der Vegetation, der dem Laufe des Rheins folgend, die Ufer, Inseln und Werder bezeichnet. Nicht weniger mit mannigfaltigem Grün geschmückt ist der von Süden herab sich ziehende flache Grund, welchen die Iller bewässert; selbst westwärts, nach dem Gebirge zu, finden sich manche Niederungen, die einen ebenso reizenden Anblick von Wald und Wiesenwuchs gewähren, so wie der nördliche mehr hügelige Teil von unendlich kleinen Bächen durchschnitten ist, die überall ein schnelles Wachstum begünstigen."

Aus: Goethes Werke, hrsg. von Erich Trunz (Hamburger Ausgabe). Band 9. München: Verlag C. H. Beck 1998, S. 356f.

Eltville. Stahlstich von Johann Gabriel Poppel, gez. von B. Schwartz. Aus Thomas Manns grafischer Sammlung zum „Krull". Krulls Abschied von Eltville im Roman: „… unbewegt lässt der ins Weite stürmende Junge, ohne sich nach ihrem Turme, ihren Rebenhügeln auch nur noch einmal umzusehen!" (S. 76)

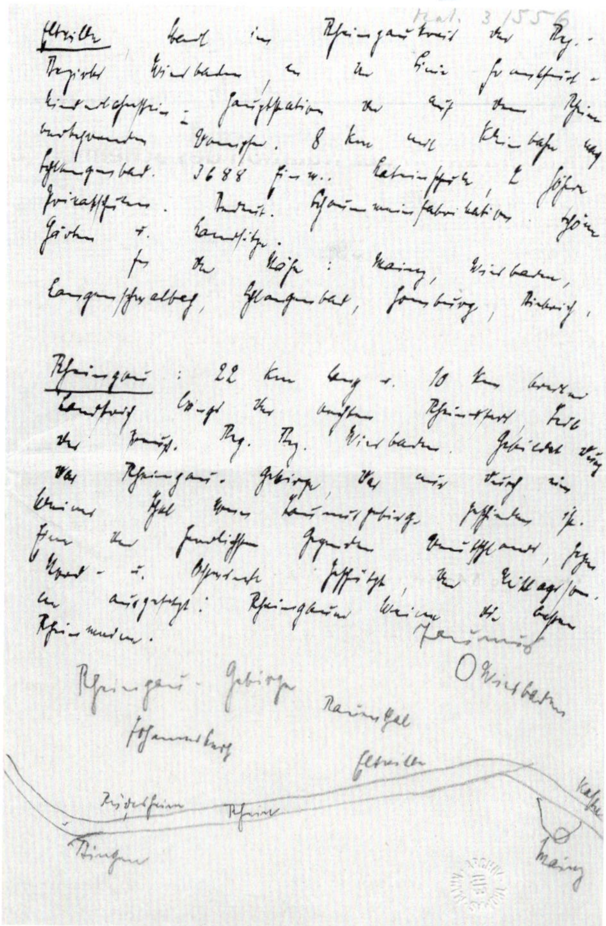

Skizze Thomas Manns von Eltville

- *Charakterisieren Sie die Landschaftsschilderung und die Art ihrer sprachlichen Gestaltung.*
- *Vergleichen Sie den Text Goethes mit dem Roman auf Seite 8 („Der Rheingau … erblickte"). Welche Rückschlüsse auf die Schreibabsicht Thomas Manns sind möglich?*

„Felix Krull" in der Tradition des Schelmen- und Bildungsromans

■ *Lesen Sie die Aussage Thomas Manns aus dem Jahr 1930.*

„Nach der Zurücklegung von Königliche Hoheit hatte ich die Bekenntnisse des Hochstaplers Felix Krull zu schreiben begonnen – ein sonderbarer Entwurf, auf den, wie viele erraten haben, die Lektüre der Memoiren Manolescus mich gebracht hatte. Es handelte sich natürlich um eine neue Wendung des Kunst- und Künstlermotivs, um die Psychologie der unwirklich-illusionären Existenzform. Was mich aber stilistisch bezauberte, war die noch nie geübte autobiografische Direktheit, die mein grobes Muster [gemeint sind die Memoiren G. Manolescus, F. W.] mir nahelegte, und ein fantastischer geistiger Reiz ging aus von der parodistischen Idee, ein Element geliebter Überlieferung, das Goethisch-Selbstbildnerisch-Autobiografische, Aristokratisch-Bekennerische, ins Kriminelle zu übertragen. Ich schrieb das ‚Buch der Kindheit' [das erste Buch des Romans, F. W.], wie es als Torso des geplanten Ganzen in einer Ausgabe der ‚Deutschen Verlagsanstalt' vorliegt, mit so viel Lust, dass es mich nicht wunderte, als Kenner das Fragment für das Glücklichste und Beste erklärten, was ich gemacht hätte. Es mag in gewissem Sinn das Persönlichste sein, denn es gestaltet mein Verhältnis zur Tradition, das zugleich liebevoll und auflösend ist und meine schriftstellerische ‚Sendung' bestimmt […]."

Zit. nach: Wysling, Selbstkommentare, a.a.O., S. 83f.

■ *Ergänzen Sie nun die folgende Grafik, die das Verhältnis von „Felix Krull" zur Tradition des Schelmen- und des Bildungsromans veranschaulicht.*

„Felix Krull" in der Tradition des Schelmen- und Bildungsromans

Lazarillo de Tormes (1554)

Schelmenromane

Bildungsromane / autobiografische Bekenntnisschriften

Felix Krull

Thomas Mann verarbeitet im „Felix Krull" zwei …

Baustein 4

„Felix Krull" als Künstlerroman

Im ersten Teil des Bausteins (4.1) geht es um die parodistische Koppelung der für Thomas Mann charakteristischen Künstlerproblematik mit dem Hochstaplermotiv.
Anschließend (4.2) werden einige charakteristische Szenen aus dem Roman bearbeitet, in denen Verstellung und Betrug von Felix Krull selbst zu künstlerischen Akten umgedeutet werden.
Die Figur der Andromache wird im dritten Teil des Bausteins (4.3) thematisiert. In dieser Figur spiegelt Felix Krull seine eigene Existenz als „Künstler".

4.1 Krulls Leben als ästhetische Existenz

Neben dem eher äußeren Anstoß zur Entstehung des „Felix Krull", den die Memoiren des Hochstaplers Georges Manolescu gegeben haben (vgl. Baustein 2), ist auch die Einbettung des Romans in das Frühwerk von Thomas Mann von Bedeutung. Thema dieses Frühwerkes, z. B. „Buddenbrooks" (1901), „Tonio Kröger" (1903) oder „Der Tod in Venedig" (1912), ist wesentlich die Künstlerproblematik. Thomas Manns Künstlerfiguren sind in der Regel lebensferne und lebensfremde Ästheten, die weder einen praktischen noch einen intellektuellen Ausweg aus ihrer Vereinsamung finden. Mit der Grundidee, die Künstlerproblematik ins Betrügerisch-Kriminelle zu überführen, fügt Thomas Mann seinem zentralen Thema der frühen Jahre eine völlig neue Variante hinzu. Die parodistische Koppelung des Künstler- und Hochstaplermotivs führt dazu, dass Felix Krull „zu einer Art Künstlernatur" (Th. Mann, 1953) wird, mit der das Hochstaplertum ästhetisch aufgewertet wird und sich die betrügerische Existenz des Hochstaplers mit dem Schaffen des Künstlers vergleichen lässt. 1930 kommentiert Thomas Mann die Entstehung des „Felix Krull" rückblickend mit den Worten: „Es handelte sich natürlich um eine neue Wendung des Kunst- und Künstlermotivs, um die Psychologie der unwirklich-illusionären Existenzform [als] eine neue Abwandlung des künstlerischen Einsamkeits- und Scheinbarkeitsproblems ins Kriminelle."[1]
Obwohl diese Abwandlung des Künstlerproblems ins Kriminelle den Lesern eine komödiantische Figur beschert, verweist sie doch auf eine existenziell bedeutsame Auseinandersetzung mit Arthur Schopenhauer, Friedrich Nietzsche und Richard Wagner. Schopenhauer hatte im Künstler das Genie erkannt, das die Scheinhaftigkeit der Welt durchschaut. In Richard Wagner sah Nietzsche den Prototypen des Künstlers, der als *décadent* nur noch scheinbar ein lebensvolles Werk schaffen kann. Nietzsche sieht in der „Fröhlichen Wissenschaft" (1882) den Künstler als „Possenreißer, Lügenerzähler, Hanswurst, Narren und Clown […] eine Zwischen-Species […] von der Criminalität der That durch Willensschwäche und sociale Furchtsamkeit abgetrennt".[2]
Nietzsches Auffassung vom Künstler als Betrüger, die er auch an anderen Stellen formulierte, wird im „Felix Krull" parodistisch aufgehoben; auch die Lebensferne der künstlerischen Existenz im Sinne Schopenhauers wird durch Felix Krull in ihr Gegenteil verkehrt.

---

1 Zit. nach: Wysling, Selbstkommentare, a. a. O., S. 85
2 Zit. nach: Hans Wysling, Thomas Mann. Ein Leben in Bildern. Frankfurt/M.: Fischer Taschenbuch Verlag 1997, S. 191

Das **Zusatzmaterial 5**, S. 102, bietet den Schülerinnen und Schülern einige übersichtlich präsentierte Informationen zum Leben und Werk Thomas Manns. Es veranschaulicht unter anderem den biografischen Hintergrund der Künstlerthematik Thomas Manns, auf dem das Arbeitsblatt 11 aufbaut. Das Zusatzmaterial 5 sollte deshalb als Referat in den Unterricht eingebracht werden. Alternativ kann es aber auch mit der gleichen Aufgabenstellung, wie sie für das **Arbeitsblatt 11**, S. 55, gilt, bearbeitet werden:

- *Lesen Sie den Text und unterstreichen Sie die wesentlichen Aussagen. – Bearbeiten Sie den Text dann zusammen mit einem Partner, indem Sie ihn in ein fiktives Interview mit Thomas Mann umwandeln. – Anschließend können Sie Ihren Text vortragen oder vorspielen.*

Eine methodische Variante zu diesem Bearbeitungsvorschlag bildet die Aufgabe, in Einzelarbeit zum Text etwa zehn bis zwölf Fragen zu formulieren, auf die dieser eine Antwort enthält. Die Fragen können dann einem Partner oder dem Kurs zur Beantwortung vorgelegt werden. Die beiden ersten Textabschnitte des Zusatzmaterials 5 (Leben und Werk, Durchbruch mit den „Buddenbrooks") und das Arbeitsblatt 11 können nach der Präsentation der „fiktiven Interviews" so zusammengefasst werden:

Die Künstlerthematik bei Thomas Mann

Die Frage, wie man als Künstler in einer bürgerlichen Gesellschaft leben kann, war für Thomas Mann Lebensthema und Thema seiner Literatur.

im Frühwerk:

- Hanno Buddenbrook ist dem Leben nicht gewachsen; er gibt sich der Kunst hin.
- Tonio Kröger kann nicht am bürgerlichen Leben teilnehmen.
- Gustav Aschenbachs bürgerliche Fassade zerfällt.

↓

Die „hochstaplerischen"(scheinhaften) Züge des Künstlers belegen den unaufhebbaren Gegensatz von Künstlertum und Bürgertum.

im „Felix Krull":

- Verknüpfung von Hochstaplerexistenz und Künstlertum: der „Künstler als Betrüger" (Nietzsche)

↓

Die „künstlerischen" Züge des Hochstaplers heben den Gegensatz von Künstlertum und Bürgertum (parodistisch) auf.

4.2 „Theatrum mundi" – Die Welt als Bühne

Das Leben Felix Krulls gestaltet sich von Beginn an als eine Folge von schauspielerischen Leistungen, die er selbst als schöpferische Akte charakterisiert und rechtfertigt.

Viele Episoden des Romans gleichen Theatervorstellungen mit einem regelrechten Auftrittscharakter der Hauptfigur. Dazu gehören das Violinspiel im Kurpark (I, 3), die Düsing-Episode (I, 6) und die berühmte Musterungsszene (II, 5) ebenso wie die Gesprächsszenen mit

Stürzli, Maître Jean-Pierre, Don Carlos und Zouzou. Die drei Erstgenannten stehen exemplarisch für die besondere Qualität der Auftritte Felix Krulls: Während sich das Verhalten im Kurpark noch als einfaches imitatorisches Gebaren lesen lässt, steigert sich Felix Krull gegenüber dem Arzt Düsing, der seine „Schulkrankheit“ diagnostizieren muss, zu einem Spiel auf der eigenen Natur (vgl. S. 46). Die Musterungsszene stellt den Höhepunkt seiner schauspielerischen Entwicklung dar und sein Simulantentum übersteigt die Sphäre des einfachen Betrugs, indem es zum künstlerischen Schöpfungsakt stilisiert wird. In der Musterungsszene legt er das Gesellenstück seiner Lehrjahre ab und ist nun vorbereitet auf den Eintritt in die große Welt, der im Rollentausch mit dem Marquis de Venosta endgültig vollzogen wird. Bezeichnet dieser ihn schließlich als „Zauberer“ (S. 240), so wird deutlich, dass Felix sein Leben endgültig in Szene gesetzt hat. Zunächst Schauspieler wird er jetzt auch zum Theaterdirektor seiner Träume. Aus den Verkleidungsspielen der Kindheit ist „Wirklichkeit geworden“ (S. 262), die Welt wird zur Bühne, die Gesellschaft zum Publikum.
Die oben angesprochenen Entwicklungslinien und Motive sind im Kern bereits in Kapitel 3 des ersten Buches angelegt: Im ersten Teil des Kapitels wird geschildert, wie der halbwüchsige Felix Zeuge der eher zweifelhaften und leicht anrüchigen „geselligen Unterhaltungen“ (S. 21) im Hause Krull wird. Daran schließt sich eine Episode aus dem Kurpark in Bad Langenschwalbach an (S. 21–24), die mithilfe folgender Aufgabenstellungen bearbeitet werden kann:

- *Welche Bedeutung hat die Kurparkepisode (S. 21–24) für den achtjährigen Felix?*
- *Inwiefern überschreitet der Auftritt im Kurpark den Rahmen des harmlosen pantomimischen Spiels?*
- *Wodurch wird schon an dieser Stelle des Romans der achtjährige Felix zu einem gelehrigen Schüler Müller-Rosés (vgl. I, 5)?*

Nachdem bis zu dieser Stelle im Roman die kindlichen Verkleidungsspiele erwähnt worden sind, kommt es hier zum ersten öffentlichen „Auftritt“ Felix’. Dieser wird ausdrücklich als „Komödie“ (S. 22) bezeichnet. Felix berichtet „mit besonderem Vergnügen“ von diesem Erlebnis und blickt auf den „vielleicht […] unbedingt schönste[n]“ (S. 21) Tag seines Lebens zurück.
Zur zweiten Frage lässt sich festhalten, dass Felix’ Darbietung vom Vater und vom Kapellmeister als Auftritt vor einem größeren Publikum arrangiert worden ist. Felix wird zum Schauspieler, der ein täuschungswilliges Publikum antrifft, so wie der spätere Hochstapler auf eine leichtgläubige Öffentlichkeit angewiesen ist.
Von Müller-Rosé wird gesagt, dass ihm jede neue Toilette eine neue „bezaubernde Folie“ (S. 30) verleihe. Dies gilt für Felix Krull insgesamt und wird in der vorliegenden Textstelle erstmals deutlich, wenn Felix – „ansprechend ausstaffiert“ (S. 22) – zur Violine greift. Später werden es die Staffagen des Liftboys oder des Kellners und die Frackgarderobe sein. Nur die „kleidsame Daseinsform“ (S. 112) der Uniform bleibt Felix versagt, was er in der Musterungsszene (II, 5) bedauert. Immer erinnern diese Merkmale eines äußeren Verwandlungsspiels an Müller-Rosé und haben „ein wenig vom Maske-Machen des Schauspielers“ (S. 293), wenn Felix Krull auch feststellen darf, dass er „zu eigentlicher kosmetischer Nachhilfe bei der ausdauernden Jugendlichkeit [seines] Äußeren nie versucht gewesen“ (S. 293) sei. – Eine zweite Parallele zur Gestalt Müller-Rosés ergibt sich im Hinblick auf das Publikum. Wie bei Müller-Rosé erliegt das Publikum dem „Gefälligkeitszauber“ des Darstellers. Der Erfolg des „Wunderkindes“ ist sicher, da es den Geschmack des sentimentalen Publikums trifft. Der Höhepunkt der Szene ist erreicht, als eine alte russische Fürstin Felix’ Künstlerschaft mit einer Diamantbrosche in Leiergestalt besiegelt.
Immer wieder deutet Felix Krull seine schauspielerische Verstellung und den Betrug in eine schöpferische Leistung, in einen künstlerischen Akt um. Dies soll mithilfe der Düsing-Episode (I, 6; S. 36–47) verdeutlicht werden:

- *Wie bewertet Felix Krull sein Simulantentum gegenüber dem Sanitätsrat Düsing (I, 6; S. 36–47)?*

Die Auswertung der Aufgabe kann in Form eines Tafelbildes erfolgen.

Felix' Simulantentum (I, 6; S. 36–47)

- wird mit dem Hinweis auf die Ungebundenheit seines Geistes und mit seiner Vereinsamung (vgl. S. 37) gerechtfertigt,
- wird als extreme Leistung des Willens und der Körperbeherrschung ausgemalt,
- wird beschönigt („schulkrank“ sei eine „ordinäre Annahme“ (S. 45)) und als meisterhaftes „Spiel auf [der] eigenen Natur“ (S. 43) zur Darstellung einer „höhere[n] Wahrheit“ (S. 39) bezeichnet,

↓

wird ironisch zu einem künstlerischen Schöpfungsakt umgedeutet (S. 43: „Ich hatte die Natur verbessert …“).

Die ironische Stilisierung von Verstellung und Betrug zu einem künstlerischen Akt erreicht in der Musterungsszene (II, 5) ihren Höhepunkt. Die Schülerinnen und Schüler bearbeiten dazu folgende Fragen:

- *Felix Krull beendet die „heikle Frage“ seines „militärischen Verhältnisses“ mit einem „Davidssieg“ (S. 113). – Was macht seinen „Auftritt“ vor der Musterungskommission (II, 6; S. 90–112) so erfolgreich?*
- *Simulantentum bedeutet normalerweise eine sehr negative und unvorteilhafte Verstellung als Kranker. – Wieso stellt sich der Leser in dieser Szene (wie in der Düsing-Episode) dennoch auf die Seite Felix'?*

Ein Tafelbild fasst die Ergebnisse zur ersten Frage zusammen:

Die Musterungsszene (II, 5; S. 90–112)

- „streng wissenschaftlich[e]“ (S. 90) Vorbereitung mit „praktische[n] Übungen“ (S. 91)
- Einsatz von „Wagemut“, „Besonnenheit“ und „Vorsicht“ (S. 91)
- geschickter Umgang mit den Autoritäten, z. B. in der Zuweisung von Titeln an den untersuchenden Arzt
- beherrschte Anwendung des Geübten bis zur Relativierung von Schein und tatsächlicher Krankheit (S. 107f.: „Ist es aber nicht so …“)
- froh und ernst zugleich gestimmt; ermattet durch eine extreme, fast übermenschliche Erfahrung

  → Der „Davidssieg“ (S. 113) bedeutet Freiheit.

Der Leser bleibt trotz der Simulation auf Felix' Seite, weil dieser sich als geschickter Schelm entpuppt, der sich im Stile eines Davids erfolgreich gegen die staatliche Obrigkeit und ihre Vertreter zur Wehr setzt und so seine innere und äußere Freiheit erlangt.

4.3 Andromache – Spiegelbild des späten Felix Krull

Der Bedeutung Müller-Rosés für den frühen Felix Krull am Beginn seiner „Lehrjahre“ entspricht die Künstlerfigur Andromache für den späten Felix Krull. Im Stoudebecker-Zirkus sitzt dieser ein letztes Mal reflektierend im Zuschauerraum, bevor wenig später der Rollentausch vollzogen wird und die „Wanderjahre“ beginnen. In Andromache (wie am Ende in Ribeiro, der letzten Künstlerfigur des Romans) spiegelt Felix Krull seine eigene Existenz als „Künstler“.
Im ersten Kapitel des dritten Buches (S. 191–205) wird die Begegnung mit Andromache geschildert. Diese steht im Zentrum des Kapitels und wird mit einer kurzen Reflexion auf die Artisten im Allgemeinen eingeleitet (S. 197f.). Die Bedeutung der Szene kann über einen Vergleich mit der Müller-Rosé-Szene (I, 5) erarbeitet werden.

- *Vergleichen Sie das Zirkuserlebnis Felix Krulls (S. 195–203) mit dem Theaterbesuch in Kapitel I, 5. Berücksichtigen Sie dabei den Ort des Geschehens, die Reaktionen des Publikums, die Darstellung der beiden Künstlerfiguren und die Haltung Felix Krulls zum Erlebten.*
- *Welche Elemente in der Charakterisierung Andromaches (S. 198–200) fallen Ihnen auf, die über eine herkömmliche Beschreibung einer Künstlerin hinausweisen?*

Die Bearbeitung der ersten Frage lässt sich mit einem Tafelbild zusammenfassen:

Spiegelbilder

Müller-Rosé (I, 5)	**Andromache (III, 1)**
Operettenbühne als Ort des Schauspiels	Zirkuszelt als Ort des Schauspiels
das Publikum als bedürftige Menge, der Lebensfreude vermittelt wird	das Publikum als „Schaupöbel“ (S. 202) und passiv genießende Masse (vgl. S. 203)
der Künstler als widersprüchliche Existenz zwischen Schein und Sein	die Künstlerin als makellose Erscheinung jenseits normaler Maßstäbe
↓	↓
Felix Krull lernt am Beispiel Müller-Rosés die verklärende Wirkung des Scheins kennen, den „Gefälligkeitszauber“ (S. 36)	Felix Krull identifiziert sich mit der Künstlerin. Sein Hochstaplertum ist künstlerisch und vom Fach der „Menschenbeglückung“ (S. 203).

In die euphorisch anmutende Beschreibung Andromaches („Stern des Cirkus“, S. 198, „Tochter der Lüfte“, S. 198, „Ich betete sie an“, S. 199, „starre Andacht“, S. 200, „Engel der Tollkühnheit“, S. 200) mischen sich Elemente, die auf eine mythologische Überhöhung der Figur verweisen. Andromache erhält hermesartige Züge (sie scheint weder Mann noch Frau zu sein; Kappe und kleine Flügel sind Attribute des Hermes; als Botengott verbindet Hermes die Sphären) und wird auch in dieser Hinsicht zu einem Spiegelbild Felix Krulls (vgl. Baustein 5). Damit kann auf die mythologische Lesart des Romans übergeleitet werden.

Felix Krull – Hochstapler und Künstler

Nach der Veröffentlichung des „Felix Krull" im Jahre 1954 bezeichnete Thomas Mann in einem Interview die heitere „Übertragung des Künstlertums ins Betrügerisch-Kriminelle" als die „Grundidee von einst". Damit stand die Verbindung des Künstlermotivs mit einer Hochstaplerexistenz im Zentrum der frühen Konzeption (1910–1913). Dazu äußert sich der folgende Text.

Der Vergleich zwischen dem Künstler und dem Schwindler hat im Werk Thomas Manns eine längere Vorgeschichte und begegnet wiederholt schon vor der Entstehung des „Felix Krull". Im „Tonio Kröger" [1903] zum Beispiel wurde in durchsichtiger Form auf die Verwandtschaft zwischen Künstler und Betrüger angespielt in jener Szene, in der sich Tonio beim Besuch seiner Vaterstadt einer argwöhnischen Polizeikontrolle unterziehen muss, weil er mit einem flüchtigen Hochstapler verwechselt wird und keine Ausweise besitzt. Aufschlussreich sind dabei vor allem die Überlegungen, die Tonio Kröger selbst zu diesen Vorgängen anstellt. „Sollte er der Sache ein Ende machen, indem er sich zu erkennen gab, indem er Herrn Seehaase eröffnete, dass er kein Hochstapler von unbestimmter Zuständigkeit sei, von Geburt kein Zigeuner im grünen Wagen, sondern der Sohn des Konsuls Kröger, aus der Familie der Kröger. Nein, er hatte keine Lust dazu. Und waren diese Männer der bürgerlichen Ordnung nicht im Grunde ein wenig im Recht? Gewissermaßen war er ganz einverstanden mit ihnen. [...] Er zuckte die Achseln und blieb stumm." [...]

Im „Felix Krull" nun bleibt Thomas Mann aber nicht mehr bei solchen gelegentlichen Vergleichen des Künstlers mit dem Schwindler stehen. Hier dreht er den Vergleich um und radikalisiert ihn dadurch. Wurden zuvor am Künstler die schwindlerhaften Züge aufgezeigt, so werden nunmehr am Hochstapler die Eigenschaften des Künstlers nachgewiesen. Außerdem wird aus dem kurzfristigen Vergleich eine systematische und handlungstragende Gleichsetzung von Schwindler und Künstler. Thomas Mann hat darum in seinem „Lebensabriss" (1930) den „Felix Krull" auch als „eine neue Wendung des Kunst- und Künstlermotives" bezeichnet. Die in der Gestalt Krulls bis zur Identität geführte Ähnlichkeit von Hochstapler und Künstler manifestiert sich zum Beispiel in der zentralen Bedeutung, die die Phantasie für beide Typen hat. Wenn Krull schon als Kind und später dann vor der Musterungskommission Krankheiten erfolgreich simuliert, so handelt es sich ja darum, dass er etwas nicht Vorhandenes, eine bloße Möglichkeit zur Wirklichkeit macht und seine Umwelt nötigt, an die Wirklichkeit zu glauben. Krull bezeichnet seine simulierten Krankheiten darum auch selbst als Schöpfungen. „Ich hatte die Natur verbessert, einen Traum verwirklicht, – und wer je aus dem Nichts, aus der bloßen inneren Kenntnis und Anschauung der Dinge, kurz: aus der Phantasie, unter kühner Einsetzung seiner Person eine zwingende, wirksame Wirklichkeit zu schaffen vermochte, der kennt die wundersame und träumerische Zufriedenheit, mit der ich damals von meiner Schöpfung ausruhte." (S. 43). Es wird damit klar, dass die auf vollendeter Täuschung beruhenden Betrügereien des Felix Krull als Analogien zum Kunstwerk anzusehen sind. Auch der Künstler setzt und schafft mit seinem Werk eine neue Wirklichkeit und strebt danach, seine Umwelt zu ihrer Annahme zu bewegen. Die Überzeugungskraft des Künstlers und des Hochstaplers hängt ferner gleichermaßen ab von der Fähigkeit, sich in fremde Existenzen zu versetzen und mit vielen verschiedenen Zungen zu reden. Die Fähigkeit der Einfühlung in alles Fremde bringt aber den Künstler ebenso wie den Hochstapler in die Gefahr, sich bis zum Zerfall der Identität an das Fremde zu verlieren. Die grenzenlose Einfühlung macht den Träger dieser Fähigkeit als Person fragwürdig. Er wird zum Chamäleon, zu einer Gestalt, die scheinbar des Charakters ermangelt. Schließlich gelten auch die vielen Hinweise Krulls auf die Anstrengungen seines Lebens nicht allein den kriminellen Risiken seiner Existenz. Es sind durchsichtige Verweise auf die Mühen des Künstlertums, auf die aufreibende Selbstdisziplin des Schaffens. [...]

Die Personalunion von Künstler und Hochstapler stellt eine Verschmelzung dar, zu der offenbar Nietzsche die ersten Anregungen bot. Nietzsche sagt nämlich in „Menschliches, Allzumenschliches": „Es führt zu wesentlichen Entdeckungen, wenn man den Künstler einmal als Betrüger fasst." [Damit wird deutlich,]dass Thomas Mann im „Felix Krull" ein von Nietzsche empfohlenes Experiment durchführte und dass die Identifizierung des Künstlers mit dem Hochstapler den Sinn hat, die unklar gewordenen Positionen und Funktionen modernen Künstlertums zu überprüfen.

Aus: Karl Ludwig Schneider: Der Künstler als Schelm. In: Philobiblon 20/1976, S. 2–18; hier: S. 9–12

■ *Lesen Sie den Text und unterstreichen Sie die wesentlichen Aussagen. – Bearbeiten Sie den Text dann zusammen mit einem Partner, indem Sie ihn in ein fiktives Interview mit Thomas Mann umwandeln. – Anschließend können Sie Ihren Text vortragen oder vorspielen.*

Baustein 5

„Felix Krull“ als mythologischer Roman

Der Baustein lenkt den Blick auf die zweite Arbeitsphase am Roman ab 1951, in der unter anderem die Figur des Felix in ein mythologisches Bezugsfeld gerückt wird. Thomas Mann verleiht Felix Züge des Hermes (5.1) und des Narziss (5.2). Die für den Roman zentrale Begegnung Felix' mit Professor Kuckuck wird im Abschnitt 5.3 thematisiert.

5.1 Das Spiel mit der Mythologie – Felix Krull als Hermes

Felix Krull, die Figur des Künstlers als Hochstapler (vgl. Baustein 4), rückt in der zweiten Arbeitsphase ab 1951 in ein mythologisches Bezugsfeld und erhält Züge des Griechengottes Hermes. Ein Brief vom 17.10.1954 an Karl Kerényi, dem damals sehr bekannten Mythenforscher, verdeutlicht diesen Vorgang: „Ich war mir, weiß Gott, nicht bewusst, einen hermetischen Roman anzulegen, als ich vor einigen 40 Jahren damit begann. Mehr, als wieder einmal eine Verkleidung und Parodie des Künstlertums hatte ich nicht im Sinn. Erst bei der späten Fortsetzung glitten [...] gewisse Assoziationen hinein, und der Name des Gottes tauchte auf.“[1] Erstaunlicherweise entsprach der zuerst entstandene Romanteil bis zum Buch II, 6 der in den 30er- und 40er-Jahren neu gewonnenen mythologischen Konzeption in der Weise, dass kein thematischer Bruch im Roman entstand. Am 2.4.1951 konnte Thomas Mann schreiben: „Habe ich Ihnen erzählt, dass ich die Bekenntnisse des Felix Krull fortführe? Womöglich werde ich auch damit noch fertig! Vor 40 Jahren unterbrach ich mich darin, um den ‚Tod in Venedig' zu schreiben. Aber durch all die Zeit habe ich Handschrift und Material an mich gehalten, und es war doch recht merkwürdig, als ich auf demselben Münchener Manuskriptblatt, ganz oben, wo ich seit 35 Jahren zu schreiben aufgehört, nun weiterschrieb.“[2] Nur sehr wenige Änderungen im ersten Teil waren nötig, um die Anpassung der Krull-Figur an den Hermes-Mythos vorzunehmen. Am Ende ist Felix Krull nicht nur der Künstler und Schauspieler, der sein Leben inszeniert, sondern auch ein mythologischer Rollenspieler, den Thomas Mann mit eindeutigen Attributen des Hermes ausstattet.
„Hermes, meine Lieblingsgottheit“[3], schreibt Thomas Mann 1934 an Karl Kerényi. Schon als Kind fühlte sich Thomas Mann zur Figur des Hermes hingezogen, der in seinen Tagträumen eine besondere Rolle spielte. Werkgeschichtlich ist das Hermes-Motiv fest verankert. Bereits im „Tod in Venedig“ (1912) taucht Hermes auf, und zwar als Psychagoge, als Totenführer in unterschiedlichen Figurationen.
Im „Felix Krull“ entfaltet der ewig junge und schöne Gott der Griechen dann sein ganzes schillerndes Wesen, auf dessen zahlreiche Facetten Thomas Mann vor allem durch Karl Kerényi aufmerksam gemacht wurde. Thomas Mann sieht in Hermes den Gott der Diebe, aber auch den „göttlichen Schelm“ (Karl Kerényi), den Gott der Täuschung, Verstellung und Illusion, der – heiter und verschlagen zugleich – den Betrug nicht scheut, aber im Betrug die Anmut nicht verliert. Er sieht Hermes als den schwebenden Gott zwischen den Seinsberei-

1 Wysling, Selbstkommentare, a.a.O., S. 142
2 Ebd., S. 93
3 Ebd., S. 67

chen, als Mittler und Vermittler, den Menschen zugetan und von menschlichem Maß. Was Thomas Mann besonders bewegte, war das Fehlen einer einheitlichen Persönlichkeit, das in Hermes eine Gestalt und einen Namen bekommt. Der Mangel an Einheit und Geschlossenheit, der Thomas Mann an sich selbst immer wieder zum Problem wurde, erhielt in der Figur des Hermes eine Legitimation und lud zur Identifikation ein. Hier wird die für Thomas Manns Schaffen charakteristische und an Karl Kerényi, Sigmund Freud und Carl Gustav Jung orientierte Umdeutung der Mythen ins Psychologische besonders deutlich. „[U]nd was sollte mein Element derzeit wohl sein als Mythos und Psychologie“[1], schreibt Thomas Mann am 18.2.1941 an K. Kerényi. Er selbst spricht vom „Mythisch-Typischen“; das Mythische ist für ihn das Zeitlose, das Immer-Menschliche, die immer wiederkehrende Urform des menschlichen Lebens. In der mythologischen Gestalt des Hermes erkannte Thomas Mann all das wieder, was er selbst an künstlerischen und menschlichen Möglichkeiten in sich trug.
Die mythologischen Bezüge, in die Thomas Mann seinen „Felix Krull“ setzt, sollen den Schülern im Wesentlichen anhand der Hermesfigur verdeutlicht werden. Dazu dient das **Arbeitsblatt 12**, S. 66, das die Lernenden zunächst über den Griechengott informiert und zu einem Vergleich mit der Figur Felix Krulls auffordert. Im Sinne des entdeckenden Lernens und in Anknüpfung an die Bearbeitung des Bausteins 4.3 (Andromache) erhalten die Schülerinnen und Schüler vor der Bearbeitung des Arbeitsblattes 12 die für die Interpretation relevanten Textstellen:

- *Lesen Sie die Textstellen S. 182 unten, 185, 187 oben, 189, 244, 254 oben, 279f., 343 unten, 354 unten. Inwiefern deutet sich in den genannten Textstellen eine Überhöhung der Figur Felix Krulls an?*

Die genannten Textstellen lassen mehr oder weniger direkte Anspielungen auf den Griechengott Hermes im Zusammenhang mit der Figur Felix Krulls erkennen und werfen die Frage nach weiterführenden Informationen und Thomas Manns Figuren-Konzept auf. Mithilfe des Arbeitsblattes 12 werden die Beobachtungen am Text weitergeführt. Die Auswertung der ersten Frage sollte erfolgen, bevor die Lernenden die zweite Frage bearbeiten.

- *Welche Aufgaben und Attribute werden Hermes in der griechischen Mythologie zugeschrieben?*
- *Zeigen Sie anhand von Textbeispielen, wie Thomas Mann seine Figur Felix Krull mit Zügen des Hermes ausstattet.*

1 Wysling, Narzissmus, a. a. O., S. 242

Die Ergebnisse zum Arbeitsblatt 12 können tabellarisch gesichert werden:

Thomas Mann und die Mythologie – Felix Krull als Hermes

Der griechische Hermes-Mythos	Felix Krull
• klug, listig, schön, elegant und gewandt • Gott des Marktes, der Händler und Kaufleute	• Er ist „göttergleich gewachsen" (S. 26) und Madame Houpflé sieht ihn als göttliches „Standbild der Schönheit" (S. 185).
• Gott des Glückes	• Felix (der Glückliche) ist ein Sonntagskind des Glücks.
• Gott der Rhetorik und der verführerischen Rede • Gott der Hirten und Herden	• Felix beherrscht die Sprache meisterhaft und setzt diese Gabe zu seinen Gunsten ein.
• Bote der Götter, Begleiter der Toten, Beschützer der Reisenden	• Felix ist selbst ein Reisender. In seiner Spiegelfigur Andromache ist etwas von der Vermittlung zwischen den Seinsbereichen zu ahnen.
• Gott des Schlafes und Traumes	• Felix ist schlafbegabt und regeneriert seine Kräfte im Traum.
• Gott der Liebenden und ein liebender Gott	• Felix' Begabung zur „großen Freude" (S. 53) ist außergewöhnlich.
• Gott der Diebe und Betrüger	• Der Diebstahl am Zoll ermöglicht seine Hochstapler-Karriere. Das Blenden ist sein Handwerk.
• zeugt Hermaphroditos	• Felix' Schönheit scheint für Frauen und Männer reizvoll. In seine Spiegelfigur Andromache mischen sich androgyne Züge.
↓	↓

Thomas Mann überhöht seine Romanfigur mythologisch, indem er sie mit hermesartigen Zügen ausstattet. Im Bild gesprochen „erhält Felix die Flügelschuhe des Hermes".

Eine für die mythologische Ausrichtung der Figur besonders charakteristische Szene ist Felix' Begegnung mit Madame Houpflé im Hotelzimmer (II, 9; S. 175–190). Madame Houpflé ist Gattin eines Fabrikanten für Klosettschüsseln und schreibt „Romane [...] voll Seelenkunde" (S. 184). Dabei verwischt sie die Grenzen von Literatur und Leben derart, dass sie aus der Liebesbegegnung mit Felix auch einen literarischen Akt macht. In dessen Verlauf stellt sie eigenhändig ihre Auffassung unter Beweis, dass die „Liebe [...] durch und durch verkehrt" (S. 186) sei. Madame Houpflé trägt den Vornamen Diane, die der griechischen Göttin Artemis gleichgesetzt ist und dem Mythos nach mit Hermes den Eros gezeugt hat. Sie ist es, die den griechischen Gott Hermes namentlich einführt. Ihre Rolle für die Ausgestaltung der Felix-Krull-Figur kann mit folgender Fragestellung erarbeitet werden:

- *Welche Bedeutung hat die Madame-Houpflé-Szene (S. 175–190) für die mythologische Lesart des Romans?*

In sich dramatisch und komisch zugleich steigernden Redegirlanden überhöht sie den Lifttreiber und Geliebten Armand zum Griechengott Hermes. Von Diane Houpflé erhält Felix Krull seine mythologische Weihe: „Hermes! Er weiß nicht, wer das ist, und ist es selbst! Hermès, Hermès! – Armand?“ (S. 189). An dieser Stelle des Romans wird der mythologische Bezug direkt und unmissverständlich hergestellt.
Darüber hinaus wird durch die gesamte Ausstattung der Szene gleichzeitig klar, dass der mythologische Zusammenhang in spielerisch-parodistischer Art und Weise vermittelt wird. So wird Felix Krull zum leibhaftigen Gott der Diebe, wenn er von Diane Houpflé aufgefordert wird, sie vor ihren Augen zu bestehlen: „[...] stiehl dich entschlüpfend weg von meiner Seite [...] Es ist mein Liebeswunsch ...“ (S. 190). Felix Krull, der sich zunächst ertappt fühlt, wird im Folgenden diese unerwartete mythologische Überhöhung seiner Person allerdings lediglich dazu nutzen, seiner Hochstapelei auch noch eine geistige Note hinzuzufügen!

5.2 Ich- und Weltliebe des Narziss

Im gesamten Werk Thomas Manns kommt dem Narzissmus eine wesentliche Bedeutung zu. Das Themengeflecht von Auserwähltheit, Andersartigkeit und der damit verbundenen Isolation spielt im „Felix Krull“ wie in allen anderen Werken eine zentrale Rolle und spiegelt sich auf autobiografischer Ebene in den Tagebüchern. Schon vor der eigenen Freud-Lektüre ab etwa 1925 kommt Thomas Mann durch Selbstbeobachtung zu Ergebnissen, die Freuds psychoanalytischen Überlegungen zum Narzissmus entsprechen. Das selbstverliebte Gefühl der eigenen Außerordentlichkeit kennzeichnet auch Felix Krull, führt aber nicht in eine narzisstische Störung; Felix Krull bleibt sich – im Gegensatz zum mythologischen Vorbild – seiner selbst bewusst und kann deshalb seine Selbstliebe „als Liebenswürdigkeit gegen andere nach außen schlagen“ (S. 262) lassen.
Die Schülerinnen und Schüler lernen durch das **Arbeitsblatt 13**, S. 68, zunächst den antiken Mythos des Narziss kennen und erarbeiten auf dieser Grundlage die zahlreichen Anspielungen im „Felix Krull“ auf das mythologische Vorbild.

- *Welche Merkmale und Eigenschaften charakterisieren den mythologischen Narziss?*
- *Welche Bezüge zum Roman können Sie herstellen?*

Die Ergebnisse zur ersten Frage lassen sich so festhalten:

Narziss in der griechischen Mythologie

- vollendet schöner Jüngling
- von Männern und Frauen gleichermaßen begehrt
- in seine Zurückweisungen mischen sich Stolz, Hochmut und Dummheit
- liebt sich selbst; Selbstliebe ist eine Strafe
- ist für das Schicksal Echos mitverantwortlich

Bezüglich der zweiten Frage lassen sich Parallelen im Roman entdecken (Schönheit, Begehren, Selbstverliebtheit, Zurückweisung Liebender); als Unterschied wird deutlich, dass die Tragik des Mythos keine Rolle spielt.
Die Parallelen zum Mythos legen es nahe, Felix Krull als Narziss zu verstehen, was durch die Bearbeitung der folgenden Aufgabe aufgegriffen werden soll.

- *Lesen Sie die Seite 15 des Romans.*
  Konkretisieren Sie den mithilfe des Arbeitsblattes 13 hergestellten mythologischen Bezug durch eine genauere Untersuchung der Textstelle.

Das Selbstporträt zeigt zunächst ein überdeutliches Wohlgefallen an der eigenen Person, das zum einen an körperlichen Vorzügen festgemacht wird (Haar, Augen, Haut, Hände und Stimme) und sich auch auf „unwägbare Dinge“ erstreckt und „nur schwer in Worte zu fassen“ ist. Metaphorisch wird dabei die „Dutzendware“ einer Bildung aus „edlerem Stoffe“ gegenübergestellt. Die Metapher „aus feinerem Holz geschnitzt“ wird benutzt und in Form einer Steigerung („aus dem feinsten Holze“) wiederholt, sodass sich der Erzähler vorsorglich gleich zweimal gegen den Vorwurf der „Selbstgefälligkeit“ verwahrt.
Besonders leistungsstarke Kurse entdecken im Porträt der vorliegenden Textstelle darüber hinaus noch Züge, die sich bereits im Zusammenhang mit der Untersuchung der Figuren Andromache und Hermes (vgl. Baustein 4.3 und 5.1) ergeben haben: Auch dieser Selbstdarstellung Felix’ haftet ein lediglich angedeutetes Überspielen der Grenzen zwischen Mann und Frau an („Haar, wie man es nur selten beim männlichen Geschlechte findet“), zwischen Kind und Erwachsenem und zwischen nordischem und südlichem Typus („so, dass es gewissermaßen unbestimmt blieb ...“). Insgesamt hat Felix Krull damit einen hermaphroditischen Zug und seine androgyne Verfassung bestärkt seine (narzisstische) Selbstgenügsamkeit („Einsam aufwachsend [...] neigte ich zu [...] spintisierenden Beschäftigungen“).
Diesem am Romananfang platzierten Selbstporträt entsprechend gibt es eine Vielzahl weiterer Textbelege für das sich auf körperliche und charakterliche Aspekte beziehende Auserwähltheitsdenken, welches Felix Krull durchgängig als Narziss erweist. Dies gilt z. B. für Aussagen auf den Seiten 7 („saubere und gefällige Handschrift“), S. 13 („Sonntagskind“; „Vorzugskind des Himmels“), S. 50 („Gunstkind der schaffenden Macht“), S. 69 („zum gefälligsten Jüngling erblüht“; „gleichmäßig-maßvoller Wuchs“), S. 70 („Ursprung meiner Vorzüge“), S. 96 („wirkliche Rangordnung“), S. 330 („Ich habe im Werden acht darauf gegeben, das Auge der Welt nicht zu kränken“) und S. 349 („erlesene Substanz“). Diese Stellen können ergänzend zur oben ausgeführten Textanalyse in Gruppenarbeit untersucht und präsentiert werden.
Felix Krulls Selbstliebe und die damit verbundene Tendenz zur Isolierung und „abschätzenden Betrachtung“ (S. 231) der Welt gerät nicht in Widerspruch zu der Anziehungskraft, die er auf andere ausübt. Die Liebesbegegnungen Felix Krulls sollen daraufhin exemplarisch untersucht werden, wobei sich für die folgenden Aufgaben eine arbeitsteilige Gruppenarbeit anbietet.

- *Charakterisieren Sie die Art der Liebesbegegnungen Felix Krulls mit Genovefa, Rozsa und Madame Houpflé. Beziehen Sie dabei auch die Textstellen S. 53, 55, 125 und 191 mit ein.*

- *In welchem Verhältnis stehen Lord Kilmarnock und Eleanor Twentyman zu Felix Krull (III, 2; S. 214–231)?*

Im Hinblick auf die erste Frage lässt sich feststellen, dass Felix Krull sich als versierten, vielfach erprobten Liebhaber darstellt. Dabei bleiben seine Abenteuer flüchtig, haben stark sexuellen Charakter, sie rufen als Episoden keine wirklichen Emotionen hervor, führen nicht zu Bindungen und tragen so die Züge des Narzissmus in besonders auffälliger Weise.

Lord Kilmarnock und Eleanor Twentyman erliegen beide dem Charme und der Anziehungskraft Felix Krulls. Beide werden in ihrem Werben abgewiesen, und während Miss Twentyman dabei um den Schlaf gebracht wird, definiert der Lord seine Abneigung gegenüber der Nahrungsaufnahme als „Zeichen einer gewissen Selbstverneinung" (S. 222). Beide werden auf je unterschiedliche Weise zu Opfern des Narziss: Eleanor Twentyman ist das „Zicklein" (S. 215), dessen nicht weiter gedacht wird. Lord Kilmarnock, in dem Thomas Mann noch einmal die Problematik homoerotischer Erfahrungen gestaltet, reagiert dezent und würdevoll, überreicht Felix einen Ring und belässt es dabei (vgl. S. 231). Thomas Mann stattet den Lord mit eigenen Zügen aus und verweist indirekt auf ein eigenes „Kilmarnock-Erlebnis", das er 1950 im Züricher Grand Hotel Dolder hatte. Dort hatte er den Kellner Franz Westermeier kennengelernt und von einer letzten Liebe gesprochen.
Felix erwidert die Liebe Eleanor Twentymans nicht und er lehnt das Angebot Lord Kilmarnocks ab. Zu diesen beiden „Opfern des Narziss" kann man noch Zouzou, die Tochter Professor Kuckucks, hinzuzählen. Trotz der poetisch und tief klingenden Ausführungen, mit denen Felix Krull ihr die Vorzüge der Liebe anpreist (vgl. v. a. beim Spaziergang im Kloster Belem; III, 10; S. 368ff.), weiß dieser doch genau, dass er nicht ernsthaft um Zouzou wirbt („Höchstens hätte ich mir zum Ziel setzen können, sie zu verführen", S. 371).
Die genannten Figuren kreuzen die Lebensbahn Felix Krulls eher unglücklich. Die folgende Schreibaufgabe ermöglicht es den Schülerinnen und Schülern, die (narzisstische) Erotik Felix Krulls zu kommentieren, indem sie die Perspektive einer dieser Figuren einnehmen:

- *Felix Krull erwidert die Liebe Eleanor Twentymans nicht, die Werbung Lord Kilmarnocks weist er zurück und seine Bemühungen um Zouzou gehen über die Absicht, diese möglicherweise zu verführen, nicht hinaus.*
  Wählen Sie eine der drei Figuren und schreiben Sie aus deren Sicht die „Ungehaltene Rede einer ungehaltenen Person". Reden Sie Felix Krull dabei direkt an.

Die (An-)Reden thematisieren die Situation der Zurückgewiesenen sowie das Verhalten und die Reaktion Felix Krulls. Möglicherweise wird unter Anspielung auf den antiken Mythos auch die Selbstgefälligkeit Felix Krulls herausgestellt und seine selbstbezogene Bindungsunfähigkeit kritisiert. Eher respektvoll wird die Reaktion aus Sicht Lord Kilmarnocks ausfallen.
Die mythologischen Bezüge zu Narziss und die damit eng verbundene Erotik Felix Krulls können in einem Tafelbild zusammengefasst werden.

Felix Krull als Narziss

- körperliche Vorzüge
- geliebt und umworben
- Auserwähltheitsdenken
- Selbstliebe, die aber nicht bestraft wird (wie im Mythos), nicht in die Isolation führt, nicht zur blinden Selbstgefälligkeit wird, sondern positiv gewendet wird:

„Ich […] liebte mich auf jene gesellschaftlich nur ersprießliche Art, welche die Liebe zu sich selbst als Liebenswürdigkeit gegen andere nach außen schlagen lässt" (S. 262).

5.3 Professor Kuckuck

„Vollendet aber hat Thomas Mann seinen Schelmenroman durch die Begegnung zwischen Felix Krull, dem falschen Marquis, und dem Professor Kuckuck im Speisewagen auf der Fahrt von Paris nach Lissabon.“[1] Diese Aussage Hans Mayers verweist auf die Bedeutung des Gesprächs zwischen Felix Krull und Professor Kuckuck, das Thomas Mann sehr liebte und häufig in Lesungen vortrug.

Das Gespräch ist wesentlicher Teil des fünften Kapitels im dritten Buch (S. 261–287). Einleitend wird in diesem Kapitel vom Existenzwechsel Felix Krulls zum Marquis erzählt, der mit dem Ringtausch („Sei wie ich!“, S. 265) symbolisch untermalt wird. Zur Begegnung mit dem Professor kommt es dann im Speisewagen des Nachtzuges nach Lissabon (vgl. S. 269).

Die Romanidee der zweiten Schaffensperiode, nämlich die Überhöhung der ursprünglichen Künstler-Bürger-Thematik und ihre Parodie durch den Hochstapler, wird hier um mythologische und philosophische Züge erweitert. Zur Kuckuck-Episode schreibt Thomas Mann am 23.12.1951:

„Ich habe allerlei Weiteres an den Krull-Memoiren geschrieben, laufe aber immer Gefahr, ins ‚Faustische' zu geraten und die Form zu verlieren. So bringe ich den Helden, der ein Erotiker ist, in Kontakt mit der Idee des Seins selbst, das vielleicht nur eine Episode ist zwischen Nichts und Nichts [...]“.[2]

Die Arbeit mit dem Kapitel III, 5 konzentriert sich zunächst auf das Gespräch mit Professor Kuckuck und kann so eingeleitet werden:

- *Gliedern Sie das Gespräch Felix Krulls mit Professor Kuckuck (S. 269–287) nach seinen wesentlichen Themen.*
  Welchen Eindruck hinterlässt das Gespräch auf den Leser?

Eine thematische Übersicht erhält man im Wesentlichen über eine lineare Gliederung des Gesprächs:

Ausführungen Professor Kuckucks, S. 269ff.

↓

- Portugal als Ziel der Reise (S. 271f.)
- Evolution (S. 276ff.)
- Urzeugung (S. 281)
- Sein und Nichts (S. 281f.)
- Raum und Zeit (S. 282ff.)
- die Natur des Menschen und seine Fortschrittlichkeit (S. 281, 285ff.)

Das Gespräch vermittelt nicht den Charakter einer Konversation oder eines Dialoges zweier gleichberechtigter Gesprächsteilnehmer. Vielmehr ist es eine Belehrung Felix Krulls, die sich auf grundsätzliche Fragen des Menschseins bezieht und dabei mit biologischen, anthropologischen und naturphilosophischen Spekulationen beeindruckt. Im Grunde entwickelt Professor Kuckuck angesichts seines ihm atemlos und fasziniert zuhörenden Gegenübers (vgl.

1 Hans Mayer: Thomas Mann. Frankfurt 1984, S. 445
2 Wysling, Selbstkommentare, a. a. O., S. 100

S. 276) eine ganze Kosmogonie, deren Tiefsinn durch das Wesen und Verhalten des Professors relativiert wird, denn seine Redeweise und sein Mienenspiel haben „etwas zart Neckisches“ (S. 270) und er verfügt über eine kaustische Art des Scherzes (vgl. S. 286).
Das gedankliche Zentrum des Gesprächs bilden Professor Kuckucks Ausführungen zum Sein. Dazu arbeiten die Schülerinnen und Schüler mit folgendem Auftrag:

- *Aller nach außen gerichtete Erkenntnisdrang führt bei Professor Kuckuck immer wieder auf das Sein und die Stellung des Menschen zurück.*
  Welche Aussagen zum menschlichen Sein macht der Professor im Verlauf des Gesprächs?
  Berücksichtigen Sie bei der Erarbeitung besonders die Seiten 277, 281f. und 284ff.

Die aspektorientierte Betrachtung des Gesprächs ergibt zunächst eine skeptische, fast desillusionierte Grundhaltung des Professors hinsichtlich des Seins im Allgemeinen und des menschlichen Lebens im Besonderen: Das Sein ist eine Episode zwischen Nichts und Nichts und das Leben als „Blüte des Seins“ (S. 284) ist dementsprechend vom Wissen um die Vergänglichkeit geprägt. – Die skeptische und desillusionierte Grundhaltung schlägt allerdings nicht in Pessimismus um, sondern mündet mit einer paradoxen Wendung in eine grundsätzliche Bejahung des Lebens. Zwar sei das Sein „beseelt von Vergänglichkeit“ (S. 287), aber gerade deshalb lade es „zur Allsympathie“ (S. 287). Wie wichtig Thomas Mann selbst diese Gedanken waren, zeigt z. B. der Essay „Lob der Vergänglichkeit“ aus dem Jahre 1952 oder der folgende Auszug, der einem Brief an Claus Unruh vom 13.1.1952 entnommen ist:
„Manche, wie Sie andeuten, halten mich für einen Nihilisten. Ich gelte ungern dafür. Ein Nihilist bin ich insofern, als ich stark zu der Vermutung neige (sie ist wissenschaftlich gestützt), dass nicht nur das Leben auf Erden, den Maßstab der Aeonen angelegt, eine rasch vorübergehende Episode ist, sondern dass auch das materielle Sein im Raum und in der Zeit, der Kosmos selbst, eine solche Episode ist, ein turbulentes Zwischenspiel zwischen Nichts und Nichts. Es hat das Sein, sich selbst eine Lust und eine Last, nicht immer gegeben, und es wird es nicht immer geben, sondern raum- und zeitloses Nichts wird wieder sein. Noch weniger war immer das Leben, das hier vor bloßen 550 Millionen Jahren (schlecht gerechnet) aus dem Unorganischen erwachte und seinen Entwicklungsweg antrat bis zum Menschen, und noch weniger wird es das Leben immer geben. Das Episodische aber ist es gerade, was dem Sein und dessen Blüte, dem Leben, Wert und Gewicht verleiht. Dass sie einen Anfang hatten und also ein Ende haben werden (man kann die Logik auch umkehren), das erweckt Sympathie. Und als mein Grundverhältnis zum Sein und zum Leben mit seiner Lust und Last möchte ich die Sympathie bezeichnen. Ich kann nicht zweifeln, dass meine Bücher sie ausdrücken.“[1]

[1] Wysling, Selbstkommentare, a. a. O., S. 104

Neben einem Tafelbild zur obigen Frage könnte dieses Briefzitat als Kopie der Ergebnissicherung dienen.

Professor Kuckuck „über das Sein, das Leben, den Menschen" (S. 286)

↓

„Drei Urzeugungen" (S. 281) sind bestimmend:

- aus dem Nichts entsteht das (unorganische) Sein,
- aus dem Sein das (organische) Leben,
- aus dem Leben der Mensch (vgl. S. 284ff.).

↓

Das Leben ist nicht mehr als eine flüchtige Episode zwischen Nichts und Nichts (vgl. S. 277),

↓

aber gerade dieses Vergängliche verleiht „allem Dasein Wert" (S. 287) und lädt deshalb ein zur

↓

„Allsympathie" (S. 287).

Der Begriff der Allsympathie ist für das gesamte Kapitel zentral. Zwar wird auch er im Folgenden von Felix Krull trivialisiert (vgl. S. 306, S. 312 und S. 384), dennoch wird ersichtlich, welche Bedeutung die Belehrungen Professor Kuckucks für Felix Krull erhalten. Folgender Arbeitsauftrag soll dies verdeutlichen:

- *Welche Bedeutung erlangt die Figur Professor Kuckucks für Felix Krull? Gehen Sie bei Ihren Überlegungen von S. 273 des Romans aus.*

Die philosophischen Ausführungen Professor Kuckucks tragen letztlich nicht zu einer echten (Weiter-)Bildung Felix Krulls bei, aber sie bestätigen und legitimieren seine auf Vergänglichkeit angelegte Existenz und sein Hermes-Dasein (vgl. S. 279f.). Es wird deutlich, dass Professor Kuckuck zum Mentor seiner „Wanderjahre" wird, so wie es in Bezug auf die „Lehrjahre" sein Pate Schimmelpreester war. Professor Kuckuck vergleicht Felix Krull mit einer Seelilie auf „Inspektionsfahrt" (S. 273) und er ist geneigt, „den Neuling der Beweglichkeit ein wenig zu beraten" (S. 273). Professor Kuckuck ist Mentor, aber er wird auch zum Mystagogen, indem er Felix Krull mit dem Hermesmythos konfrontiert und indirekt dessen ästhetische Existenz legitimiert (vgl. S. 279).
Thomas Manns Spiel mit dem Mythos wird durch die Begegnung Felix Krulls mit der Familie Kuckuck noch weiter ausgeweitet, worauf das **Arbeitsblatt 14**, S. 69, aufmerksam macht:

- *Welchen Zusammenhang stellt der Text zwischen dem Geschwisterpaar aus Felix Krulls Frankfurter Tagen und Mutter und Tochter Kuckuck her?*
- *Wie erklärt der Sachtext die „wie zum Kirchgang" (S. 387) gekleidete Mutter und Tochter, auf die Felix Krull „überrascht, ja erschrocken" (S. 386) reagiert?*

- *Der Text äußert sich nicht zu einer mythologischen Überhöhung Professor Kuckucks. – Welche Deutungsmöglichkeit für diese Figur ergibt sich, wenn man dem Gedankengang des Textes folgt?*

Im Geschwisterpaar sieht Felix Krull ebenso wie bei Mutter und Tochter einen Einheitsgedanken verwirklicht, der sich zum einen (beim Geschwisterpaar) auf das Geschlechtliche bezieht, zum anderen (bei Mutter und Tochter) steht die Doppelbeziehung als Bild für die Einheit des Weiblichen, Mütterlichen und Beschützenden. Als mythologisches Urbild wird auf Demeter und Persephone verwiesen.
Im Text wird dieser mythologische Bezug um einen tiefenpsychologischen ergänzt, nach dem das Mütterliche auch das Reich des Unbewussten und Verschlingenden repräsentieren kann. Das Düster-Bedrohliche Madame Kuckucks würde somit erklärt durch die Gleichsetzung mit der urmütterlichen Demeter.
Den Gedankengang des Textes aufnehmend, liegt es bezüglich der dritten Frage nahe, in Professor Kuckuck (neben anderen Deutungsansätzen) eine Anspielung auf die Figur des Zeus anzunehmen. Als kindlicher Hermes säße Felix Krull dann vor seinem Göttervater, der ihn später im Naturhistorischen Museum in die Tiefen seiner Ursprünge führt (vgl. S. 317) oder hinauf in das Haus in „überschauender Lage" (S. 321). Der Nachname des Professors verweist in diesem Deutungszusammenhang auf die antike Sage, nach der Zeus auf dem Kuckucksberg Hera in Gestalt eines Kuckucks beigewohnt hat.
Insgesamt ist es fraglich, ob das Spiel mit dem Mythos – wie im Text behauptet – wirklich zur Erfüllung der wahren Identität Felix Krulls beiträgt. Der Umgang mit verschiedenen mythologischen Motiven, wie er im dritten Buch des Romans vorgeführt wird, wirkt eher unverbindlich und erinnert an den spielerischen Umgang eines Komponisten mit seinem Motivmaterial, als dass er zu einer psychologischen Vertiefung beitrüge.
Zum Abschluss der Arbeit mit Baustein 5.3 soll die Bedeutung des Kapitels III, 5 für den gesamten Roman thematisiert werden. Dazu arbeiten die Schülerinnen und Schüler zu folgender Aufgabenstellung:

- *„Man sollte dies bedeutende Stück deutscher epischer Prosa als Abschluss des Krulls verstehen." – Dieses Zitat des Literaturkenners Hans Mayer verweist auf die besondere Bedeutung des Kapitels III, 5 für den gesamten Roman. – Wie lässt sich die These begründen?*

Zur Beantwortung der Frage kann zunächst auf den Ringtausch (S. 265) im ersten Teil des Kapitels verwiesen werden. Aus Felix Krull wird nun der Marquis de Venosta; die Erhöhung seiner Person ist vollbracht, der Existenzwechsel vollzogen: „Sei wie ich!" (S. 265). Diesem Ereignis folgt dann unmittelbar die Begegnung Felix Krulls mit Professor Kuckuck, der die neue Existenz Felix Krulls philosophisch überhöht und zu seinem Mentor wird. Das Kapitel hat damit insgesamt den Charakter einer Initiation für die Hauptfigur. Hans Mayers These wäre dann so zu verstehen, dass die eigentliche Bestimmung Felix Krulls endgültig realisiert ist und nur noch auf der Ebene der Handlung etwas Neues zu erwarten ist.

Notizen

Der Gott Hermes in der griechischen Mythologie

Hermes war der Sohn des Zeus und der Nymphe Maia, einer Tochter des Titanen Atlas. Er ist einer der ältesten, populärsten und vielseitigsten Götter.

Kurz nach seiner Geburt am Berg Kyllene, drehte Maia – glücklich, dass das Neugeborene gesund war – ihm nur einen Moment den Rücken zu, um sich zu erholen und auszuruhen. In diesem kurzen Zeitraum wuchs das Baby zum Jungen heran und schlich sich aus der Höhle, um die Gegend zu erkunden.

Er stieß bald auf Apollon, der eine Herde Rinder vor sich her trieb, die der schelmische junge Gott sofort im Übermut stehlen wollte. Er wartete, bis Apollon schlief, und, um seine Spuren und die der Kühe zu verbergen, führte die Rinder rückwärts in ihren eigenen Hufspuren weg, sodass keine neuen Spuren entstanden. Sobald er außer Sicht war, fertigte er Schuhe für die Rinder an, mit denen sie keine Abdrücke in dem weichen Boden hinterließen. Dann führte er die Herde zur Höhle, in der er geboren war, sehr zufrieden mit seinem ersten Streich.

Als Apollon das Verschwinden seiner Herde bemerkte, holte er sich Hilfe bei den Satyrn, Waldgeistern, die die ungezähmte Natur repräsentierten. Die Waldgeister durchsuchten den Wald von einem Ende zum anderen, ließen keinen Weg und keinen Winkel aus. Schließlich stieß einer von ihnen auf die Höhle am Berg Kyllene, wo sie aus dem Eingang bezaubernde Musik hörten. Als sie hinzutraten, kam Hermes' Kindermädchen heraus und erklärte ihnen, dass die Musik von dem jungen Gott stamme. Das göttliche Kind, erzählte sie, habe sich aus dem Panzer einer Schildkröte und frischen Rinderdärmen als Saiten ein wunderbares Musikinstrument gemacht. Die Satyrn kehrten unverzüglich zu Apollon zurück und berichteten, was sie entdeckt hatten. Apollon kam zur Höhle, ergriff den jungen Gott und brachte ihn auf den Olymp, wo er sich vor Zeus für den entdeckten Diebstahl verantworten sollte.

Zeus wollte seinen kleinen Sohn nicht schuldig sprechen, aber nachdem er die Beweise vernommen hatte, fand er keinen anderen Ausweg. Als Hermes merkte, dass sein Vater seinen Lügen nicht glaubte, gab er den Diebstahl zu und versprach, den größten Teil der Herde Apollon wieder zurückzugeben. Alle Tiere könne er nicht zurückgeben, da er bereits zwei geschlachtet, ihre Därme als Saiten für seine Leier benutzt und ihr frisches Fleisch in Portionen aufgeteilt habe, um den Göttern zu opfern.

Zeus untersuchte die geschlachteten Tiere und stellte fest, dass eine Opferportion zu viel da war. Auf seine Frage nach dem Grund dieses Rechenfehlers antwortete ihm der junge Gott, dass er einen Opferanteil schon einmal für sich selbst reserviert habe. Zeus konnte nicht anders, er musste über diese Dreistigkeit lächeln. Um den Streit zwischen sich und seinem Halbbruder zu beenden, bot Hermes Apollon nicht nur die Rückgabe der Herde, sondern auch die Leier an. Verführt durch die Aussicht auf das neue Instrument stimmte Apollon zu. Und bald, nachdem er eine Weile darauf geübt hatte, wurde die Leier Apollons Lieblingsinstrument.

Zeus war so beeindruckt von der Klugheit und Findigkeit seines Sohnes, dass er diesem viele Aufgaben und Ehren überließ, alle entsprechend seinem schlauen Wesen. Obwohl Zeus glaubte, dass Hermes bemüht war, die Wahrheit zu sagen, wenn er gefragt wurde, war er sich auch darüber im Klaren, dass sein Sohn nicht immer die ganze Wahrheit sagen würde, wenn es gegen seine Interessen war. Daher wurde Hermes der Gott der Händler und Kaufleute, aber auch des Marktes und des Glücks. Ihm schrieb man den nach ihm benannten Glücksfund (Hermaion) zu.

Hermes meinte bald, dass seine neuen Pflichten und Aufgaben zu Unrecht auf den Handel beschränkt waren. Wegen seiner Geschicklichkeit auf diesem Gebiet wurde er auch der Gott der Rhetorik und der verführerischen Rede. Sein Bereich wurde bald ausgeweitet auf die Liebenden und die Herden. Als Gott der Herden förderte er das Wachstum der Tiere und wurde deshalb oft mit einem Widder auf den Schultern dargestellt.

Wegen seiner Verstohlenheit und seiner Schnelligkeit wurde Hermes auch der Bote der Götter. Er wurde bemüht, wann immer ein Gott einem anderen etwas über größere Entfernungen mitteilen wollte. Der geflügelte Helm oder geflügelte Schultern weisen ihn als Boten oder Begleiter der Götter aus. Er kann ebenso plötzlich auftauchen wie verschwinden.

Er wurde auch der Begleiter der Toten. Nur er kannte den Weg, der in die Unterwelt führte, und er war es, der die verstorbenen Seelen in Hades' dunkles Reich hinunterführte.

Da er der Bote der Götter war, der alle Straßen und Wege am Himmel und auf der Erde kannte, wurde Hermes der Beschützer der Reisenden und als solcher mit Reisehut und Flügelschuhen dargestellt. An größeren Wegkreuzungen im gesamten antiken Griechenland waren rechtwinklige Pfeiler mit Phallus und dem bärtigen Kopf des Gottes errichtet. Wenn ein Reisender an eine Weggabelung kam und unsicher war, welchen Weg er wählen sollte, vertraute er sich dem Schutz des Hermes an, der ihm den rechten Weg weisen sollte.

Hermes war schön und von ebenmäßiger Gestalt, gewandt und elegant. Als Herold trug er einen Heroldstab (Caduceus), der ihm als Zauberstab auch zum Einschläfern diente. Daher galt er auch als Gott des Schlafes und der Träume.

Hermes hatte viele Liebesabenteuer. Einen seiner Söhne, Antolykos, lehrte er das Stehlen, so wie er selbst die Rinder des Apollon gestohlen hatte, was ihn zum Gott der Diebe und Betrüger machte.

Unter den Göttinnen liebte er vor allem Aphrodite. Aus der geheimen Liebesbeziehung der beiden Götter ging Hermaphroditos hervor. Dieser verschmähte, fünfzehnjährig, die Liebe der Wassernymphe Salmakis. Als er später einmal versehentlich in ihrer Quelle badete, umarmte sie ihn und zog ihn mit sich auf den Grund. Ihre Körper verschmolzen und wurden zu einem Hermaphrodit mit weiblichen Brüsten und Maßen, aber mit männlichen Genitalien.

Hermes' vielfältige Wesenszüge und Aufgaben sind der Grund dafür, dass er in vielen Geschichten vorkommt, mehr als alle anderen Götter mit Ausnahme des Zeus. In der römischen Mythologie entspricht ihm der Gott Merkur.

Nach: Roberts: Mythen der Welt. Mythen der Griechen und Römer. Ohne Ort und Jahr, S. 57–59

Hermes von Lysipp

Der Hermes des Praxiteles

Salmakis bedrängt Hermaphroditos; Gemälde von Mabuse, ca. 1516

- *Welche Aufgaben und Attribute werden Hermes in der griechischen Mythologie zugeschrieben?*
- *Zeigen Sie anhand von Textbeispielen, wie Thomas Mann seine Figur Felix Krull mit Zügen des Hermes ausstattet.*

Narziss

Narziss ist in der griechischen Mythologie der Sohn des Flussgottes Kephissos und der Nymphe Leiriope. Diese befragte den Seher Teiresias nach der Zukunft ihres Sohnes. Teiresias antwortete, dass Narziss unter der Voraussetzung, sich selbst nie zu kennen, lange leben werde. Diese Antwort blieb zunächst rätselhaft.
In der Zwischenzeit wuchs Narziss zu einem vollendet schönen Jüngling heran, der von Männern wie Frauen umworben wurde, ohne dass er deren Liebe erwiderte. Einer der Zurückgewiesenen betete schließlich darum, dass Narziss selbst einer auf immer unerwiderten Liebe verfallen solle. Dieses Gebet erhörte Nemesis, die es einrichtete, dass Narziss aus einer Quelle am Berg Helikon trank und sich dabei augenblicklich unstillbar in sein eigenes Spiegelbild verliebte. Er war unfähig, sich von seinem im Wasser widergespiegelten Abbild loszureißen; es blieb unerreichbar und schließlich verschmachtete Narziss an sich selbst. Im Tod wurde er in die Blume verwandelt, die seitdem seinen Namen trägt.
Unter denen, die ebenfalls von ihm abgewiesen wurden, war auch die Nymphe Echo. Echo lenkte im Auftrag des Zeus dessen Gattin Hera durch das Erzählen von Geschichten ab, damit Zeus genügend Zeit für verschiedene Liebesabenteuer hatte. Das heute bekannte Phänomen des Echos erhielt seinen Namen in Anlehnung an die Sage; denn Hera beraubte Echo zur Strafe der Sprache derart, dass diese immer nur die letzten an sie gerichteten Wörter wiederholen konnte. Echos Versuche, sich Narziss zu nähern, scheiterten. Sie verzehrte sich in ihrer verschmähten Liebe, schwand dahin und nur ihre Stimme blieb zurück. Ihre Gebeine wurden zu den Felsen, die das Echo zurückwerfen.

- *Welche Merkmale und Eigenschaften charakterisieren den mythologischen Narziss?*
- *Welche Bezüge zum Roman können Sie herstellen?*

Narziss von John William Waterhouse

Narziss von Caravaggio

„Narcissus". Bronzestatuette aus Pompeji. 1. Jh. v. Chr.

Maria Pia Kuckuck und Zouzou

Das Erscheinen des Geschwisterpaares [S. 85ff., F. W.] weist auf Mme. Kuckuck und Zouzou voraus, die auch als *ein* Wesen, wenn auch ein weibliches, gesehen werden. Krull erinnert sich beim ersten Anblick der beiden [S. 298, F. W.] ausdrücklich des Geschwisterpaares in Frankfurt. Damit werden auch die anderen Figuren des Romans in einen mythologischen Bezug gesetzt. Dazu trägt schon die Namensgebung bei, die in ironischer Weise auf die griechische Mythologie hinweist. Krulls Schwester heißt Olympia, Mme. Houpflé trägt den bezeichnenden Namen Diane. Diane oder griechisch Artemis ist nach allgemeiner Auffassung die Göttin der Jagd, der Reinheit und Keuschheit; aber nach Kerény gibt es eine Überlieferung, nach der Hermes und Artemis den Eros gezeugt haben sollen. Andromache, „la fille de l'air" […], die Felix anbetet, ist ein ihm verwandtes Wesen, da sie wie er androgyne Züge trägt, was schon im Namen angedeutet ist. Nur fehlt bei ihr jeder erotische Bezug.

Höhepunkte des Spieles mit dem Mythos ist jedoch nach Meinung der Forschung die Begegnung mit Zouzou und Mme. Kuckuck. Zwar weisen ihre Vornamen – Susanna und Maria Pia – und auch der Geburtsname der Mutter in den Bereich der christlichen Mythologie, aber der Schlüssel zum Verständnis der eigenartigen Doppelbeziehung von Mutter und Tochter ist im griechischen Mythos von Demeter und Persephone zu suchen. So wie im Geschwisterpaar erst der ganze Mensch erscheint, die Trennung der Geschlechter aufgehoben ist, so bilden Maria Pia und Zouzou die Einheit des Weiblichen, des Mütterlichen und des Jungfräulichen. Demeter, die Göttin der Fruchtbarkeit, deren Tochter Persephone beim Blumenpflücken auf einer Wiese geraubt und in die Unterwelt gebracht wird, ist Symbol des Mütterlichen, des Beschützenden. Nach Jung – und hier berühren sich mythologische Forschung und moderne Tiefenpsychologie – ist das Mütterliche oder die Urmutter aber nicht nur das Beschützende, es ist auch das Reich des Unbewussten, des Chaotischen und Verschlingenden, das dem Menschen bedrohlich werden kann. Nicht umsonst wird im Text immer wieder auf das Hoheitsvoll-Düstere Maria Pias hingewiesen, sodass Krull von ihrer Erscheinung zugleich angezogen und eingeschüchtert ist [vgl. dazu S. 386f., F. W.]. Vor allem während des Stierkampfes, auf dessen mythischen Ursprung Professor Kuckuck den Besucher hinweist, nehmen [ihre Züge] etwas Bedrohliches an. […]

Das ironische Spiel, das Thomas Mann mit den Figuren des Romans treibt, hat einen ernsten Hintergrund: Hermes/Krull, die ins mythologische Bezugsfeld gerückte Figur des Künstlers, erfährt in der Begegnung mit der Mutter-Tochter eine Menschwerdung. Sein offensichtlicher Narzissmus – eine Eigenschaft, die alle Künstler Thomas Manns in hohem Grade besitzen – wird geheilt. Allerdings kann er die ‚Erfahrung' erst machen, nachdem er mit seinem mythischen Urbild vertraut gemacht worden ist. Die unter dem Aspekt des Bildungsromans festgestellte Entindividualisierung Krulls erweist sich so, unter dem Aspekt des Mythischen und Tiefenpsychologischen, als Erfüllung seiner wahren Identität. Das ständige Spiel zwischen Sein und Schein wird überlagert durch den Mythos, der die Wirklichkeit überhöht und zugleich vertieft. Aus dem Picaro wird der göttliche Schelm, dessen Entwicklung mit Elementen des Bildungs- und Künstlerromans dargestellt wird. Unter diesem Aspekt ist es auch verständlich, dass der Roman nicht weitergeführt werden konnte. […] Das Zusammentreffen mit Zouzou/Persephone und Maria Pia/Demeter im Garten (der einer Wiese in der mythologischen Überlieferung entspricht) und die anschließende Vereinigung mit der Letzteren musste den Abschluss des Romans bilden.

Aus: Jakob Lehmann (Hg.): Deutsche Romane von Grimmelshausen bis Walser. Frankfurt/M.: Scriptor Verlag 1982, S. 366–368

- *Welchen Zusammenhang stellt der Text zwischen dem Geschwisterpaar aus Felix Krulls Frankfurter Tagen und Mutter und Tochter Kuckuck her?*
- *Wie erklärt der Sachtext die „wie zum Kirchgang" (S. 387) gekleideten Mutter und Tochter, auf die Felix Krull „überrascht, ja erschrocken" (S. 386) reagiert?*
- *Der Text äußert sich nicht zu einer mythologischen Überhöhung Professor Kuckucks. – Welche Deutungsmöglichkeit für diese Figur ergibt sich, wenn man dem Gedankengang des Textes folgt?*

Baustein 6

Erzählweise des Romans

Mit dem vorliegenden Baustein wird die erzählerische Struktur des Romans erarbeitet. In einem ersten Schritt (vgl. Baustein 6.1) werden die in Baustein 2 bis Baustein 5 thematisierten Substrate der Handlung unter dem Begriff „Motivebenen" zusammengefasst. Im Anschluss wird die für Thomas Mann charakteristische Technik der Montage anhand einiger Beispiele vorgestellt (vgl. Baustein 6.2). Eine Besonderheit des Romans sind die zahlreichen Selbstkommentierungen des Ich-Erzählers und dessen Kontakt mit dem „unbekannten Leser". Die sich hieraus ergebenden Besonderheiten des Erzählverhaltens sind Thema des Abschnittes 6.3. In Baustein 6.4 geht es abschließend um die Stilebene des Romans, die für Thomas Mann selbst ein „heikelstes Balancestück" darstellte.

6.1 Motivebenen des „Felix Krull"

Im „Felix Krull" überlagern sich mehrere motivische Ebenen. Anregung und Kern der Handlung bildeten die erfolgreichen Memoiren des Hochstaplers Georges Manolescu aus dem Jahre 1905. Die in den beiden Bänden der Memoiren geschilderte Hochstapleratmosphäre regte Thomas Mann an, die Künstler-Bürger-Thematik ins Kriminalistisch-Parodistische zu wenden (vgl. Baustein 4). Dabei flossen auch erzählerische Details aus Manolescus Memoiren in den „Felix Krull" ein (z. B. die Hehlerszene). Motive und einzelne Momente der Handlung werden dann in den erweiterten Rahmen des pikarischen Romans gesetzt (vgl. Baustein 2). Kennzeichnend für die erste Schaffensperiode (1910–1913) ist darüber hinaus die Parodie auf die autobiografische Bekenntnisliteratur des 18. Jahrhunderts, die eine weitere Erzählebene darstellt (vgl. Baustein 3). In der zweiten Schaffensperiode (1951–1954) wird das Geschehen, insbesondere durch das Hermes-Mythologem, auf eine mythologische Ebene verlagert (vgl. Baustein 5), was der Tendenz des Gesamtwerkes entspricht.
Die folgende Grafik veranschaulicht die verschiedenen Erzählebenen des Romans, die man im Wesentlichen mit dem Entstehungsprozess des Romans parallel lesen kann. Nach einem Lehrervortrag mit den oben skizzierten Informationen kann die Grafik ohne Text an die Schüler gegeben werden. Diese beschriften dann die Grafik in Partnerarbeit.

Motivebenen im „Felix Krull“

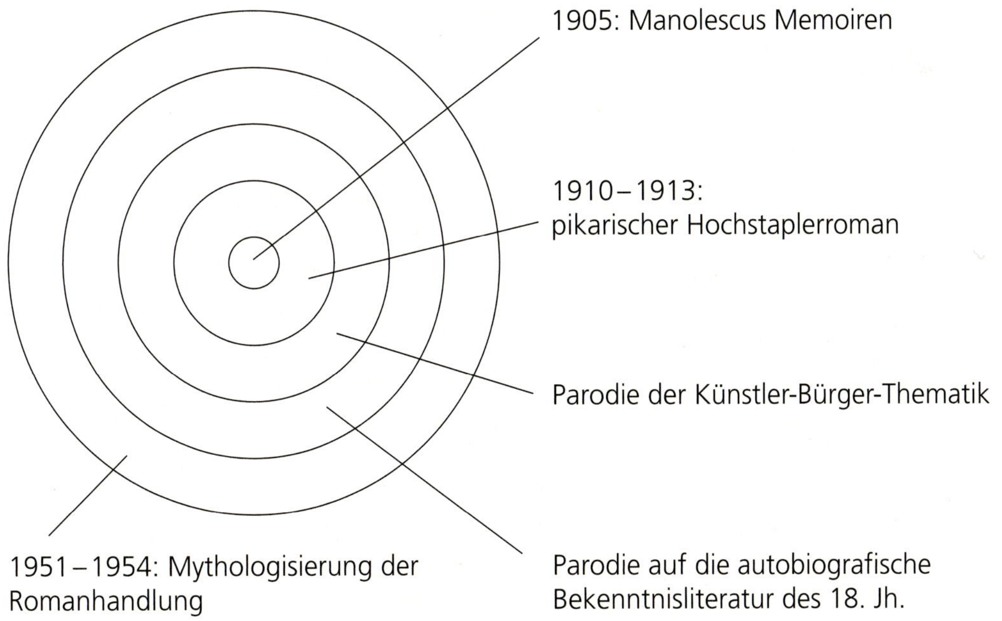

6.2 Die Technik der Montage

Thomas Manns Schreibprozess lässt sich u. a. über den Begriff der Montagetechnik erfassen. Damit ist eine schriftstellerische Auswertung von Textvorlagen (z. B. in der Houpflé-Szene die Verwendung einer Passage aus Grimmelshausens „Simplicissimus“, vgl. Baustein 2.2) oder von Bildvorlagen (z. B. die Reklamekarte für Fachinger Wasser, vgl. Baustein 2.3) gemeint, bei der verschiedene, nicht zusammengehörende Realien zu einem neuen Kunstgebilde zusammengeführt werden. Während die Montagetechnik im engeren Sinn die Wirklichkeitselemente bruchstückhaft nebeneinander stehen lässt, gestaltet Thomas Mann die Teile so zu einem zusammenhängenden Text aus, dass man die Montage nicht mehr erkennen kann.
Zur Einführung in die Thematik kann an die beiden oben erwähnten Beispiele aus Baustein 2.2 und 2.3 erinnert werden. Im Anschluss erhalten die Schülerinnen und Schüler das **Arbeitsblatt 15**, S. 78:

- *Wer ist wer? – Welche Romanfiguren erkennen Sie in den Abbildungen wieder?*
- *Was wird im Hinblick auf den dichterischen Schreibprozess Thomas Manns deutlich?*

Das Arbeitsblatt 15 wird zunächst als Folie präsentiert, auf der die Textteile des Arbeitsblattes abgedeckt sind. Unter Umständen kann man nach ersten Ergebnissen zu Frage 1 die passenden Textstellen aufsuchen und vorlesen lassen, bevor man das Arbeitsblatt komplett zeigt.
Die Bearbeitung der zweiten Frage führt zum Begriff der Montagetechnik bei Thomas Mann. Thomas Mann hat der Wirklichkeit Modelle entnommen, wie im vorliegenden Fall Fotografien von Personen. Diese fügt er dann bruchlos in den Romantext ein. Damit wird ein schriftstellerisches Verfahren verdeutlicht, das die den Schülern eher vertraute Auffassung von Dichtung als intuitiv-schöpferischem Prozess ergänzt.

Das **Arbeitsblatt 16**, S. 79, zeigt ebenfalls einige von Thomas Manns Vorlagen, die er in seinen Roman eingearbeitet hat. Das Arbeitsblatt soll zu folgender Schreibaufgabe anregen:

- *Wählen Sie eine der Vorlagen, die auch Thomas Mann für den „Felix Krull" verwendet hat. Bearbeiten Sie dann Ihre Vorlage so, dass sie Teil des Romans sein könnte.*

Die Aufgabe greift die mit Arbeitsblatt 15 gewonnene Einsicht auf, dass dichterisches Schreiben auch einen handwerklichen Aspekt aufweist. Die Bearbeitung der Aufgabe zielt, bei begrenztem Textumfang, auf Schreibgenauigkeit. Zum Vergleich der eigenen Arbeiten mit den originalen Textstellen wird die folgende Zusammenstellung als Folie projiziert oder als Kopie verteilt.

1 Krull als Tennisspieler, 1953

Ausschnitt aus der „Neuen Zürcher Zeitung", 22. Juli 1953
Aus dem Arbeitsmaterial zum „Krull"

Noch sehe ich mich zum Annehmen eines tiefen Vorhanddrives, das eine Bein vorgestreckt, mit dem anderen ins Knie gehen, was ein gar hübsches Bild ergeben haben muss, da es mir Applaus von den Zuschauerbänken eintrug […].
(S. 356)

2 Der Kreuzgang des Klosters Belem

Desungeachtet muss ich doch eintragen, dass die unglaubliche, aus aller Zeit fallende in keiner bekannten wirklich angesiedelte, wie von einem Kinde erträumte Zauberzierlichkeit des Kreuzganges von Kloster Belem, mit seinen Spitzentürmchen und fein-feinen Pfeilerchen in den Bogennischen, seiner gleichsam von Engelshänden aus mild patiniertem weißem Sandstein geschnitzten Märchenpracht, die nicht anders tat, als könne man mit dünnster Laubsäge in Stein arbeiten und Kleinodien durchbrochenen Spitzenzierats daraus verfertigen – dass, sage ich, diese steinerne Féerie mich wahrlich entzückte […].
(S. 374)

3 Der Todestoß

Bild aus dem Arbeitsmaterial zum „Krull"

Achtzehn- oder neunzehnjährig, war dieser Ribeiro in der Tat bildhübsch. Unter schwarzem Haar, das ihm glatt und ungescheitelt tief in die Brauen hing, trug er ein fein geschnittenes spanisches Gesicht zur Schau, das bei einem ganz leisen, vielleicht vom Beifall erzeugten, vielleicht nur Todesverachtung und das Bewusstsein seines Könnens andeutenden Lächeln der Lippen mit stillem Ernst aus schmalen schwarzen Augen blickte. Das gestickte Jäckchen mit den Schulterüberfällen und den gegen das Handgelenk sich verengenden Ärmeln kleidete ihn – ach, mit einem ganz ebensolchen hatte mein Pate Schimmelpreester mich einst kostümiert – kleidete ihn so vortrefflich, wie es mich einst gekleidet. Ich sah, dass er schlank gegliederte, durchaus noble Hände hatte, mit deren einer er eine bloße, blanke Damaszenerklinge beim Gehen wie einen Spazierstock aufsetzte. Mit der anderen hielt er ein rotes Mäntelchen an sich. […] Noch sehe ich Ribeiro, seinen Mantel unterm Arm, ein wenig auf den Zehenspitzen, als wollte er leise auftreten, beiseite gehen, indem er sich nach dem Gefällten umschaute, der sich nicht mehr regte.
(S. 391ff.)

4 Corrida de Toro

Aus dem Arbeitsmaterial

Einmal, während der Stier, geschwächt wohl bereits und degoutiert von der Vergeblichkeit all seines Zornes, abgewandt stand und dumpf vor sich hin brütete, sah man seinen Partner, ihm den Rücken kehrend, im Sande knien und sehr schlank aus dieser Stellung aufgerichtet, mit erhobenen Armen und geneigtem Kopf den Mantel hinter sich spreizen.
(S. 393)

Der Vergleich verdeutlicht, dass Thomas Mann das den Vorlagen Entnommene zusätzlich poetisch überformt hat, z. B. „ein gar hübsches Bild" (Text 1), „wie von einem Kinde erträumte Zauberzierlichkeit" (Text 2), „das Bewusstsein seines Könnens andeutende Lächeln" (Text 3) und „dumpf vor sich hin brütete" (Text 4).
Insgesamt macht der Begriff der Montage auf ein Gestaltungsprinzip aufmerksam, bei dem es nicht in erster Linie um das Erfinden im Sinne eines schöpferischen Aktes geht, sondern um das Auffinden von Modellen aus der Wirklichkeit, das Auswählen und Einfügen des Vorgefundenen in den erzählerischen Zusammenhang.
Thomas Mann spricht vom Recht des Dichters, die Wirklichkeit zu benutzen, und sagt von sich: „Das Erfinden aus der Luft war nie meine Sache. Ich habe die Welt stets für genialer gehalten als mein Genie."[1]

6.3 Das Spiel des Erzählers mit dem Leser

Felix Krull ist der in der Ich-Form erzählende Memoirenschreiber, der seine fiktive Autobiografie, vierzigjährig und müde geworden, im Gefängnis einsitzend verfasst. Er hält Rückschau auf seine Kindheit und Jugend sowie auf seine frühen Mannesjahre als Hochstapler.
Das autobiografische Erzählen bedingt für den Roman eine Teilung zwischen erzählendem Ich (der Schreibende im Gefängnis) und erlebendem Ich (die Erlebnisse des jungen Felix Krull). Die autobiografische Erzählsituation verlangt als Erzählperspektive den auktorialen Erzähler, der im Rückblick reflektiert, kommentiert und die eigene Rechtfertigung betreibt. In die spezifische Erzählsituation der Autobiografie kann durch die folgende Aufgabe eingeleitet werden.

- *Was könnte mit der Doppelperspektive autobiografischen Erzählens gemeint sein?*
  Gehen Sie bei Ihren Überlegungen von folgendem Zitat aus:
  „Ich schwöre: so sprach ich […]" (S. 373). Orientieren Sie sich auch an Seite 7f. des Romans.

Die Schülerinnen und Schüler können den Begriff im Ansatz erläutern, wenn sie die autobiografische Erzählsituation berücksichtigen. Sie erkennen das erste „Ich" als den Memoiren schreibenden Felix Krull, der sich beschwörend an den Leser wendet und im Rückblick an ein bestimmtes Erlebnis erinnert (das zweite „Ich" des Zitats).
Daran anknüpfend führt der Unterrichtende die Unterscheidung von erzählendem und erlebendem Ich ein und verweist auf die sich damit ergebende auktoriale Erzählperspektive des Romans. Unter Umständen ermöglicht das Vorwissen der Schüler die Entwicklung des folgenden Tafelbildes. Andernfalls eignet sich das **Zusatzmaterial 6**, S. 105, für eine Wiederholung bzw. Erarbeitung des auktorialen, personalen und neutralen Erzählverhaltens.

1 Zit. nach: Paul Scherrer: Vornehmheit, Illusion und Wirklichkeit. In: Blätter der Thomas-Mann-Gesellschaft. Zürich, Heft 1/1958, S. 7

Charakteristika der auktorialen Erzählperspektive

Das „erzählende Ich" (= fiktiver Erzähler)

- redet den Leser direkt an und fordert ihn zur Beurteilung auf
- gibt eigene Urteile ab, reflektiert, kommentiert und verweist auf Zukünftiges
- ist in der Lage, mehrere Orte gleichzeitig zu überschauen
- kennt in der Regel die Gedanken und Gefühle der handelnden Personen
- legt Erzählerentscheidungen offen, z.B. bei der Auswahl und Anordnung einzelner Episoden oder bei Raffungen

Bezieht man die Charakteristika auktorialen Erzählens auf den „Felix Krull", so fallen v. a. Felix Krulls Zwiesprache mit dem Leser sowie die Darlegung seiner Erzählerentscheidungen auf. Zur Erarbeitung dieser Auffälligkeiten wird der Kurs in zwei Hälften geteilt. Die beiden Kursgruppen erhalten unterschiedliche Textstellen (A und B) und arbeiten mit folgender Aufgabenstellung:

- *Analysieren Sie die angegebenen Textstellen im Hinblick auf das Erzählverhalten.*
  Textstellen für Gruppe A:
  S. 102 o, 123 u, 133 m, 160 m
  Textstellen für Gruppe B:
  S. 8 o, 11 o, 13 o, S. 56 m
  Finden Sie nach Möglichkeit weitere Textbelege.

Die Ergebnisse können durch ein Tafelbild, in dem die Textstellen für die Gruppen A und B ergänzt sind, gesichert werden:

Beispiele für auktoriales Erzählen im „Felix Krull"

Felix Krull verfasst seine „Bekenntnisse" im Rückblick. Als Erzähler …

… kommuniziert er mit dem Leser:

- S. 102 o
- S. 123 u
- S. 133 m
- S. 160 m
- S. 50 o
- S. 87 m
- S. 126 f
- S. 192 o

…

↓

Rechtfertigung; versichert sich des Wohlwollens (captatio benevolentiae)

… legt er seine Erzählerentscheidungen offen:

- S. 8 o
- S. 11 u
- S. 13 o
- S. 56 m
- S. 27 m
- S. 65 o
- S. 77 m
- S. 191 o

…

↓

Erzählstruktur entspricht der autobiografischen Schreibsituation

Modelle, S. 71 auf Folie vorstellen

6.4 Der Stil des Romans als „heikelstes Balancestück"

Die stilistische Leichtigkeit des Romans ist das Ergebnis strengen Kalküls und mühevoller Ausführung. Das Schreiben stellt Thomas Mann immer wieder vor die Schwierigkeit, „in den parodistischen, durchaus komischen Ton des Romans zurückzufinden".[1]
Durch den Vergleich einer Textstelle aus den Memoiren G. Manolescus mit einer ähnlichen Stelle aus dem „Felix Krull" soll den Schülerinnen und Schülern die stilistische Leistung Thomas Manns bewusst werden.
Der Unterrichtende liest dazu aus den Memoiren Manolescus vor (**Arbeitsblatt 17**, S. 80) und sammelt erste Eindrücke zum Gehörten, die sich auf die Art und Weise der Darstellung, auf den Inhalt oder auf vergleichbare Textstellen im „Felix Krull" beziehen können. Daran anschließend wird das Arbeitsblatt ausgeteilt und mit folgenden Fragestellungen bearbeitet:

- *Welches Menschenbild vermittelt der rumänische Hochstapler Georges Manolescu?*
- *Beschreiben Sie den Stil der Memoiren anhand des vorliegenden Textauszuges.*
- *Vergleichen Sie unter besonderer Berücksichtigung der stilistischen Gestaltung den Text mit den Seiten 178 o („Erlauben Sie ...") – 179 m („... erwiderte ich gedämpft") des „Felix Krull".*

Zur ersten Frage lässt sich zunächst sagen, dass die beschriebene Frau funktionalisiert wird („die mich ... trösten sollte"; „ich [versprach] mir eine Zerstreuung davon"). Die Beschreibung ist vorurteilsbeladen („eine voluminöse jüdisch aussehende Dame") und extrem abwertend (Alter, Haarwuchs, Bezeichnungen wie Gans, Monstrum, Fossil und Hinweise auf Fettleibigkeit wie Wurst und Riesengebirge).
Die Stilmerkmale unterstreichen die menschenverachtenden und mit bornierter Selbstgefälligkeit vorgetragenen Ausführungen Manolescus. Auffällig ist zunächst die Bildlichkeit des Textes, die sich in Metaphern und Vergleichen äußert und zur Abwertung der beschriebenen Dame beiträgt: so wenig Haare wie „auf einer Melone"; „wassersüchtiges Monstrum"; „öliges Lächeln auf den Klaviertasten"; „wandelnde Wurst"; „menschliches Riesengebirge". Weiterhin bemüht der Autor demonstrativ unterschiedliches Bildungsgut. Es erfolgen Hinweise auf Magdalena und Simson, auf die Schlacht bei den Thermopylen, auf die römischen Katakomben und ägyptischen Pyramiden. Diesem Bildungsgestus, der sich auch in Wörtern und Wendungen wie „Marmorsäulen des Atriums", „Ballon-Catif-Körper" und „der Liebe schmerzlich-süßer Pfeil" äußert, stehen Stilbrüche gegenüber, die ungewollt komisch wirken. So findet sich Triviales (Melone, Gans) neben Falschem („testamentarischen" statt alttestamentlichen) und ein Pleonasmus („alte Reliquie") neben Übertreibungen (wenn aus Zähnen „Klaviertasten" und Blicke „geschleudert" und zu einem „Bombardement" werden).
Die zur Bearbeitung der dritten Frage angegebene Textstelle S. 178f. lässt sich als Parallelszene lesen: Auch hier begegnet der Hochstapler in gediegener Atmosphäre einer beeindruckenden Dame aus höheren Gesellschaftskreisen, auch hier ist die Begegnung erotisch grundiert. Die strukturelle Parallele wird jedoch bei Thomas Mann inhaltlich ganz anders entfaltet. Beide Charaktere sind human gezeichnet und abwertende Passagen fehlen völlig. So wird z. B. aus der Angabe des Alters ein dezenter Hinweis auf eine vorzeitig „erbleicht[e]" Strähne im Haar.
Vergleichbar bleibt zunächst, dass auch der hochstapelnde Felix das Alltägliche sprachlich überhöht. Aus der Pelzjacke wird das „Pelzwerk" (S. 178), aus dem Lift der „Ascenseur" (S. 179) und aus der Maßanfertigung das „Tailormade" (S. 179).

---

[1] Thomas Mann, 1913, zit. nach: Wysling, Selbstkommentare, a.a.O., S. 67

Im Vergleich zu Manolescu liefert Thomas Mann eine wesentlich differenziertere Beschreibung der Szene (Raumschilderung, Personenbeschreibung, Dialog), bei der parataktische Reihungen neben Satzgefügen stehen, die durch Adverbiale, Partizipien und Parenthesen gestaut sind (z. B. auf Seite 178: „Während ich aber ...").
Der Dialog wirkt stark poetisiert, z. B. durch die Einleitung S. 178: „... sprach sie das Wort". Alliterationen („kühner Knecht", „Dingen ... Deutung", „Beschäftigung ... Belieben") verstärken den poetischen Charakter des Dialogs ebenso wie ein Wortspiel mit Chiasmus: „Aber du hättest Zeit für mich, – wenn du Zeit für mich hättest?" (S. 179).
Insgesamt entspricht der humorvoll gestalteten inhaltlichen Milderung der Szene auf stilistischer Ebene eine Glättung und Veredelung und Aufwertung des Einfachen mit Stilmerkmalen, die für Thomas Mann bezeichnend sind.
Stilistisch zeichnet den Roman einerseits die für den Autor Thomas Mann typische Stilebene aus, wie sie mit der Analyse von S. 178f. verdeutlicht wurde. Gleichzeitig musste er als Autor den Erzähler Felix Krull als hochstapelnden Epigonen des gehobenen Stils entlarven. Sein Mittel hierzu ist die Ironie, die er dadurch erzielt, dass er Felix mit Stilblüten und Stilbrüchen versieht und ihn so stilistisch versagen lässt: So fühlt sich Felix z. B. auf der Zugfahrt vor seiner Musterung „auf Dampfesschwingen der Entscheidung entgegengetragen" (S. 92). Neben ähnlich verstiegenen, prätentiösen und leicht verkanteten Wendungen sind es vor allem die vom Erzähler hemmungslos betriebenen Beschönigungen, die vom Leser als ironische Entlarvungen des Hochstaplers verstanden werden. So zum Beispiel, wenn aus einem Diebstahl ein „armselige[s] ... über das Leben hinpfuschende[s] [Wort]" (S. 59) die Tat eines „Gunstkind[es] der schaffenden Macht" (S. 50) wird.
Der vermeintlich hohe Stil des Erzählers kann mithilfe der folgenden Fragestellung untersucht werden:

- *Der Erzähler Felix Krull neigt sprachlich zum einen zu einer Vielzahl von Beschönigungen, zum anderen zum Bemühen um einen extravaganten Sprachstil. Untersuchen Sie daraufhin die Textstellen S. 62 m, 64 u, 92 u und 377 u.*
- *Welchen Eindruck erhält der Leser dieser Textstellen vom Erzähler?*

Die Sprechweise Felix Krulls wirkt unangemessen, verfehlt, übertrieben und unglaubwürdig. Dies gilt insbesondere für die Textstellen 62 m und 377 u. Regelrechte Stilblüten stellen die „Dampfesschwingen" (S. 92 m) und die „Reinlichkeit des Stils" (64 u) dar; ein Stil kann „rein" sein, die Handschrift „reinlich". Ähnlich falsch wirkt in derselben Textstelle die „Denkschrift" als Synonym für „Bekenntnisse". Auch die „Darbietungen" am Satzende meinen wohl eher „Darlegungen".
Die Textstellen vermitteln dem Leser den Eindruck, dass Felix Krull hier seinen eigenen Anspruch verfehlt und dabei unfreiwillig komisch erscheint. Die Sprache wirkt ironisch und macht die hochstapelnden Absichten des Erzählers deutlich. Aus Sicht des Lesers wird Felix Krull damit in ironischer Form als Hochstapler entlarvt.
Die anhand der Textstellen S. 178f. und S. 62 m, 64 u, 92 u und 377 u exemplarisch verdeutlichten Stilebenen des Romans können abschließend in einem Tafelbild zusammengeführt werden:

Stilebenen des Romans „Felix Krull"

Stilebene des Autors

- differenzierte Wortwahl und genaue Beschreibungen
- Parataxen
- Hypotaxen (mit Adverbial- und Partizipialkonstruktionen; Parenthesen)
- Alliterationen
- Wortspiele

(● Doppeladjektive und Komposita)

↓

Stilebene des (ironisch entlarvten) Erzählers

- extreme Beschönigungen
- Neigung zu Stilbrüchen und Stilblüten

↓

„Den Krull'schen Memoirenton, ein heikelstes Balancestück, lange festzuhalten, war freilich sehr schwer […]." (Thomas Mann, 1930)[1]

Notizen

[1] Zit. nach: Stein, Thomas Mann. Bekenntnisse …, a. a. O., S. 90

Frauen um Felix

Zaza
New Yorker Wintergarten. Beim Versuchen eines „Cocktails". Modell zur Figur der Zaza aus der „Woche", Berlin, 1. März 1913.
[...] eine vollschlanke Brünette mit wunderschönen, immer entblößten Armen, einer etwas fantastisch gebauschten und den Nacken bedeckenden Frisur, die zuweilen durch ein sehr kleidsames, turbanartiges Kopftuch mit seitlich herabhängenden Silberfransen und einem Federaufsatz über der Stirn verhüllt war, – mit Stumpfnase, süßem Plappermäulchen und dem ausgepichtesten Augenspiel." (S. 234)

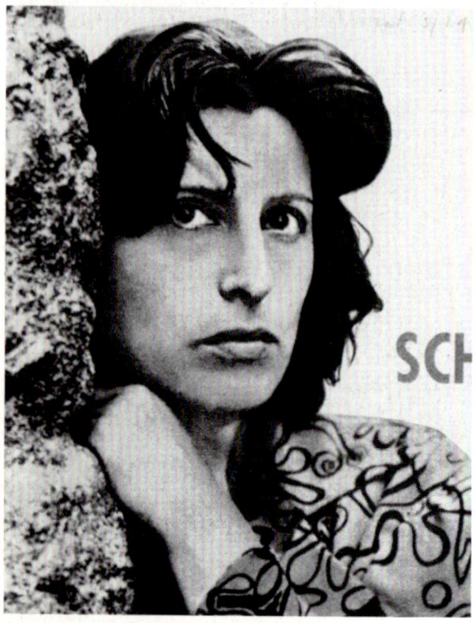

Senhora Maria Pia Kuckuck
Die Filmschauspielerin Anna Magnani war ein Modell zu Senhora Kuckuck.

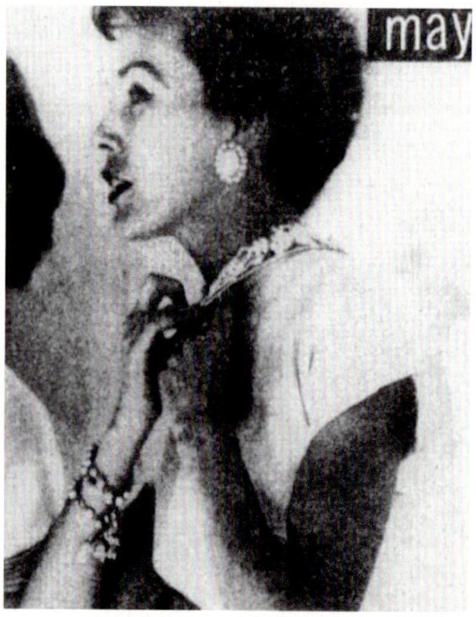

Zouzou
Zouzou wurde nach dem Mannequin eines amerikanischen Magazins gezeichnet.

Madame Houpflé
Mrs. Jan Bullough, geb. Miss Lily Elsie. Eine Schönheit der Londoner Gesellschaft 1913.
„[...] trat sie bei mir ein, in einem wundervollen weißen Seidenkleid mit kurzer Schleppe, Spitzen und gestickter Tunika, deren Taille ein schwarzes Sammetband gürtet, um den Hals ein Collier milchig schimmernder, untadelig gestalteter Perlen [...]." (S. 180)

- *Wer ist wer? – Welche Romanfiguren erkennen Sie in den Abbildungen wieder?*
- *Was wird im Hinblick auf den dichterischen Schreibprozess Thomas Manns deutlich?*

Aus dem Arbeitsmaterial zum „Felix Krull"

■ *Wählen Sie eine der Vorlagen, die auch Thomas Mann für den „Felix Krull" verwendet hat. Bearbeiten Sie dann Ihre Vorlage so, dass sie Teil des Romans sein könnte.*

Aus den Memoiren des Hochstaplers Georges Manolescu (1905)

Ich sah mich zugleich nach irgendeiner Magdalena um, die mich in meinem Pech ein wenig trösten sollte. Eine solche war nun wesentlich leichter zu finden als die Milliarden, die ich in Monte Carlo suchte. Aber kaum hatte ich das Atrium dreimal durchmessen, als ich, statt auf eine dieser geschmeidigen Elfen, auf eine voluminöse, jüdisch aussehende Dame stieß, die ich ganz in Gedanken und ohne jede Nebenabsicht anstierte. Sie hatte zweifellos bereits die Schlacht bei den Thermopylen als Zeitgenossin miterlebt oder konnte zum mindesten meine Stammutter sein; denn sie hatte anscheinend schon einige hundert Jahre hinter sich und trug sicherlich genauso viel eigenes Haar auf dem Schädel, als man auf einer Melone findet. Als diese ehrwürdige Vertreterin des schönen Geschlechts wie eine Gans, die ihren Pfuhl verlässt, vorüberging und sich von mir angestarrt sah, schleuderte sie mir einen Blick zu, der – gleich den Armmuskeln des testamentarischen Simson – die Marmorsäulen des Atriums hätte ins Wanken bringen können, und bei jedem Begegnen steigerte sie ihr Bombardement. Zuerst wollte ich deutlich werden; da ich mir jedoch eine Zerstreuung davon versprach, dieses wassersüchtige Monstrum näher zu studieren, erwiderte ich endlich ihren schmachtenden Blick mit sehnsüchtigem Äugeln. Die alte Reliquie aus griechischer Vorzeit glaubte wahrhaftig sofort, dass mich der Liebe schmerzhaft-süßer Pfeil beim Anblick ihres schönen Ballon-Captif-Körpers blitzähnlich getroffen habe. Sie näherte sich mir sofort mit ausgestreckter Hand, rollenden Augen und einem öligen Lächeln auf ihren Klaviertasten und fragte mich mit flötendem Bass, ob ich mich noch von Wiesbaden her erinnere.

Ich hätte dem Fossil gern erwidert, dass sie wohl nicht aus Wiesbaden, sondern aus den römischen Katakomben oder ägyptischen Pyramiden käme, denn noch niemals in meinem Leben war ich bisher dieser wandelnden Wurst begegnet. Ich hielt jedoch an mich und erwiderte nur ein wenig sarkastisch, dass ich zu meinem lebhaften Bedauern weder in Wiesbaden noch am Nordpol die hohe Ehre gehabt hätte, ihrer Schönheit zu huldigen.

„Aber mein lieber kleiner Freund“ – ich war etwa zwei Köpfe größer als sie –, erwiderte sie, „ich kann mich unmöglich so kolossal irren! Sie sind doch zweifellos Herr Moritz Cohn aus Frankfurt am Main?“

„Durchaus nicht, verehrte Frau, – ich bin leider nur Georges Manolescu aus Bukarest.“

„Nun, das schadet ja nichts, gefallen tun Sie mir darum nicht weniger! Denn Ihre schönen Augen erinnern mich so unbeschreiblich an meinen seligen Isidor …“

Um dieses alberne Gegackere nicht weiter anhören zu müssen, lud ich die wackliche Baracke ein, mit mir am Büffett eine Erfrischung zu nehmen. Sie raffte wie ein Tapir auf dem Drahtseil ihr Kleid zusammen, hängte sich ohne Umstände in meinen Arm und schleppte mich Opferlamm zum Büffett. Dort sank dieses menschliche Riesengebirge krachend auf einen Stuhl, der wimmernd und in allen seinen Fugen knackend protestierte. Sofort begann sich das Publikum in diskreter Entfernung um uns zu scharen, um dieses eigenartige Liebespaar mit Andacht zu betrachten. […]

Aus: Georges Manolescu: Aus dem Seelenleben eines Verbrechers. Berlin: Langenscheidt 1905, S. 178f.

- *Welches Menschenbild vermittelt der rumänische Hochstapler Georges Manolescu?*
- *Beschreiben Sie den Stil der Memoiren anhand des vorliegenden Textauszuges.*
- *Vergleichen Sie unter besonderer Berücksichtigung der stilistischen Gestaltung den Text mit den Seiten 178 o („Erlauben Sie …“) – 179 m („… erwiderte ich gedämpft“) des „Felix Krull“.*

Baustein 7

Werkgeschichte und Deutungsansätze

Im ersten Teil des Bausteins geht es um den Entstehungsprozess des Romans, der sich auf zwei Arbeitsperioden erstreckt, zwischen denen mehr als 40 Jahre liegen. Die lebensgeschichtliche Bedeutung des Textes für den Autor kommt dabei ebenso zur Sprache wie die Arbeitsweise Thomas Manns.
Der zweite Teil des Bausteins wird mit einem den gesamten Roman betreffenden Deutungsansatz eingeleitet; dem schließen sich einige wirkungsgeschichtliche Informationen an. Abschließend erhalten die Schülerinnen und Schüler die Möglichkeit, wertend auf den Roman einzugehen.

7.1 Entstehung

Thomas Mann hat viele seiner Einsichten, Gedanken und Sehnsüchte in dem Roman „Bekenntnisse des Hochstaplers Felix Krull" gestaltet. Über den Prozess einer viele Jahre lang währenden Auseinandersetzung mit dem Text geriet das Buch zu einer versteckten Autobiografie. Die Ausführung des Romans begleitete Thomas Mann fast sein gesamtes Schriftstellerleben.
Erste Notizen entstanden im Jahre 1905. In dieser Zeit las Thomas Mann die Memoiren des Hochstaplers Georges Manolescu, die ihm als Inspirationsquelle dienten. Ab 1910 begann er mit der konkreten Materialsammlung: Zeitungsartikel, Reportagen, Fotos, Reisemagazine etc. stellte er in thematischen Dossiers zusammen, zugleich schrieb er die ersten Romankapitel. Die Dossiers tragen Titel wie „Elegante Festlichkeiten", „Weiblichkeit", „Sport", „Hotel", „Reise", „Gefangenschaft", „Allgemeines" und „Nebendinge". In diesen Dossiers sammelte Thomas Mann hauptsächlich in der ersten Entstehungsphase des Romans von 1910–1913 521 Ausschnitte aus Illustrierten, Tageszeitungen, Reiseführern usw. Aus den „Münchener Neuesten Nachrichten" stellte er beispielsweise eine Liste von wohlklingenden Adeligennamen zusammen. Das **Arbeitsblatt 18**, S. 89, enthält das entsprechende Notizblatt Thomas Manns. (Insgesamt existieren 102 Notizblätter aus dem Zeitraum von 1905–1951.)
Aus der Unterstreichung auf dem Notizblatt geht hervor, dass er sich schließlich für den Namen „Marquis de Venosta" entschieden hat. Das Notizblatt zeigt außerdem eine Reihe von Unterschriftenproben, die Thomas Mann gleich seinem Protagonisten einübt. Außerdem findet sich oben auf dem Blatt eine Notiz darüber, wie ein Alexandriner-Vers aufgebaut ist, mit dem Madame Houpflé Felix' Schönheit preisen wird (vgl. II, 9; S. 187 m).
Thomas Mann unterbrach im Sommer 1911 die Arbeit zu Gunsten des „Tod in Venedig", nahm sie danach zunächst wieder auf, um sie schließlich 1913 endgültig abzubrechen und am Roman „Der Zauberberg" zu arbeiten. Das Manuskript war zu diesem Zeitpunkt bis zur Rozsa-Episode fortgeschritten, also zu einem Viertel fertig. 1951 nahm Thomas Mann die Arbeit am Roman wieder auf, der dann im Herbst 1954 erschien.
„Felix Krull" blieb unvollendet, wobei eine ernsthafte Absicht Thomas Manns, den Roman weiterzuführen, bezweifelt werden darf. Über die lebensgeschichtliche Bedeutsamkeit des ersten Teils gibt ein Briefzitat Thomas Manns vom 31.3.1951 Auskunft. Er schreibt: „Jetzt

führe ich die Bekenntnisse des Felix Krull fort […]. Es wirkt da eine Art von zähem Ehrgeiz, mein Leben fest zusammenzuhalten, der Welt zum Trotz, die, wenn's nach ihr ginge, alles zerstückelte und auseinander risse."[1]

Der langen Entstehungszeit des Romans entspricht die Geschichte der (Teil-)Veröffentlichungen:

1911: „Bruchstück aus einem Roman" (Es handelt sich um die Müller-Rosé-Episode, I, 5.)
1919: „Schulkrankheit" (I, 6)
1922: „Buch der Kindheit" (Es handelt sich um das erste Buch des Romans.)
1937: Um ein zweites Buch erweiterte Ausgabe (bis Kapitel 5 des zweiten Buches)
1954: „Bekenntnisse des Hochstaplers Felix Krull. Der Memoiren erster Teil"
1988: Erscheinen der Taschenbuchausgabe

Das Arbeitsblatt 18 vermittelt einen Überblick über die wichtigsten Daten zur Entstehungsgeschichte:

- *Fassen Sie den Text zusammen, indem Sie die Daten zur Chronologie tabellarisch darstellen.*

Als Lösung ergibt sich folgendes Bild:

Die Entstehungsgeschichte des „Felix Krull"

1905: erste Notizen
1910: Sammeln von Material; Notizen und Schreibbeginn
1911: Unterbrechung (Novelle: „Der Tod in Venedig", 1912)
1913: Ende der ersten Arbeitsperiode
1922: Veröffentlichung des ersten Buches
1937: Erweiterung bis Kapitel II, 5 (Musterungsszene)
1951: Weiterarbeit
1954: Veröffentlichung

Die außergewöhnlich lange Unterbrechung der Arbeit führte zu einer auch biografisch bedingten Änderung der Konzeption. In der ersten Schaffensperiode (1910–1913) stand die pikarisch unterlegte Travestie der Künstlerthematik im Vordergrund. Damit wurde die Parodie auf die autobiografischen Bekenntnisschriften des 18. Jahrhunderts, speziell die auf Goethes „Dichtung und Wahrheit", verbunden. In der zweiten Schaffensperiode (1951–1954) verlor insbesondere die Parodie auf Goethe für Thomas Mann an Interesse und wurde stattdessen von der Absicht einer mythologischen Überhöhung des Romans überlagert (vgl. dazu insgesamt die Bausteine 2 bis 5).

Die konzeptionelle Verschiebung stellte Thomas Mann bei der Weiterarbeit ab 1951 vor die Aufgabe, das vorhandene Romanfragment bruchlos mit den neuen Kapiteln zu verbinden. Ein überaus sprechendes Beispiel für diese Anpassung stellt eine Veränderung an Kapitel I, 4 (S. 26) dar. In der Erstveröffentlichung von 1922 lautet die entsprechende Textstelle:

„Hierbei erntete ich viel Lob von Seiten des Künstlers, denn ich war überaus angenehm und göttergleich gewachsen, schlank, weich und doch kräftig von Gliedern, goldig von Haut

[1] Wysling, Selbstkommentare, a. a. O., S. 93

und fast ohne Tadel in Hinsicht auf schönes Ebenmaß. Nur meine Beine waren vielleicht ein wenig zu kurz; aber mein Pate tröstete mich über diesen Fehler mit dem Hinweis, dass auch der Geistesfürst von Weimar zu kurze Beine besessen und doch zeit seines Lebens große persönliche Erfolge zu verzeichnen gehabt habe."

Thomas Mann streicht für die Veröffentlichung im Jahre 1954 die Stelle „Nur meine Beine ..." bis „... gehabt habe." Damit entfällt der ursprüngliche, parodistische Hinweis auf Goethe. Allein durch die Streichung fügt sich die Stelle nun nahtlos in das spätere Konzept einer mythologischen Überhöhung Felix Krulls als Hermes (vgl. Baustein 5.1) ein, denn jetzt ist Felix' Schönheit tatsächlich „göttergleich" (S. 26).
Da den Schülern an dieser Stelle der Unterrichtsarbeit die Konzeption des Werkes vertraut ist, indem sie den Roman als pikarischen und mythologischen sowie als „Bildungs- und Künstlerroman" gelesen haben, eignet sich das Kapitel I, 4 für eine exemplarische Textanalyse, in die als weiterführende Aufgabe die oben beschriebene konzeptionell bedingte Streichung einfließt. Um mit Textbelegen arbeiten zu können, sollte der Text vorher nummeriert werden (Z. 1 „Jetzt werde ich ..."; Z. 116: „eingreifen ..."). – Die Aufgabenstellung lautet:

- *Analysieren Sie das Kapitel I, 4 (S. 24–27) des Romans. Verweisen Sie im Rahmen der Textanalyse dabei gegebenenfalls auf das Romanganze.*
- *In der Veröffentlichung des ersten Buchs (Buch der Kindheit, 1922) lautet die Textstelle S. 26, Z. 68ff.:*

  „Hierbei erntete ich viel Lob von Seiten des Künstlers, denn ich war überaus angenehm und göttergleich gewachsen, schlank, weich und doch kräftig von Gliedern, goldig von Haut und fast ohne Tadel in Hinsicht auf schönes Ebenmaß. Nur meine Beine waren vielleicht ein wenig zu kurz; aber mein Pate tröstete mich über diesen Fehler mit dem Hinweis, dass auch der Geistesfürst von Weimar zu kurze Beine besessen und doch zeit seines Lebens große persönliche Erfolge zu verzeichnen gehabt habe."

  Welche Veränderung für die vorliegende Ausgabe hat Thomas Mann vorgenommen? Deuten Sie diese Veränderung vor dem Hintergrund der Romankonzeption.

Zur Bearbeitung der ersten Aufgabe kann das Kapitel zunächst strukturiert werden (Charakterisierung des Paten, Verhältnis zum Ich-Erzähler, künstlerische Sitzungen, Ausblick). Inhaltlich geht es darum, dass sich der Ich-Erzähler narzisstisch zur Hermesfigur stilisiert. Im Dienste dieser Stilisierung stehen Wortwahl und Satzbau (bezüglich der Wortwahl z. B. die Zeilen 55, 57, 68; im Hinblick auf den Satzbau etwa die Zeilen 75–80, 96–105).
Die genauere Untersuchung der Figur verweist auf die Konzeption des gesamten Romans. Dies kann durch die Erarbeitung der Rollen Krulls aufgezeigt werden. Dabei zeigt sich Felix Krull als:

Pikaro: Der Pikaro wird von einem Mentor „ins Leben geführt"(Z. 1–2, 13–15, 54–55, 113–116).

Narziss: Eitelkeit, Körperliebe und Selbstbezogenheit (Z. 56f., 68f., 81–83).

Hermes: Hermes als Gott der Diebe und Betrüger, aber als Künstler auch der Gott der Ordnung und der Form. Beide Aspekte finden sich im vierten Kapitel in verschiedensten Varianten, am deutlichsten in den Zeilen 68–71.

Künstler: Auch diese Rolle Felix Krulls wird im gesamten Romanausschnitt thematisiert, wobei das zentrale Problem von „Schein und Sein" deutlichen Ausdruck findet, u. a. in den Zeilen 96–99.

Die vielschichtige Konzeption des Romans wird damit bereits im vierten Kapitel erfassbar. Ihre Erarbeitung kann durch Hinweise auf entsprechende Stellen im Roman abgerundet werden. Die (erweiterte) Form des Schelmenromans und die (ironisch gebrochene) Bekenntnisliteratur waren frühe Leitbilder Thomas Manns beim Verfassen des Romans.
Beides kommt im vierten Kapitel zum Ausdruck (Funktion des „Mentors" für den Picaro, der Lebens- und Bildungsweg wird als „aufreibende Laufbahn" (S. 114) ironisiert). An dieser Stelle sind abschließende Verweise auf das Romanganze möglich: Die Nähe zum Schelmenroman wird etwa in der Houpflé-Szene deutlich, in der Thomas Mann eine Episode aus dem „Simplicissimus" nahezu wörtlich übernimmt. Das literarische Vorbild der autobiografischen Bekenntnisliteratur und dessen ironische Brechung werden bereits im ersten Kapitel (I, 1) vor Augen geführt.
Bezüglich der zweiten Aufgabe sollte zunächst die Streichung Thomas Manns für die endgültige Ausgabe benannt werden. Die in der gestrichenen Textstelle enthaltene Anspielung auf Goethe passt nicht mehr in die mythologische Konzeption des Romans. Erst nach der Streichung kann Madame Houpflé ein göttergleiches Bild ihres Geliebten entwerfen. „Die Brust so süß […], und ach, die Hermes-Beine …" (S. 185). Gleichzeitig nimmt Thomas Mann damit den parodistischen Verweis auf Goethe zurück, was ebenfalls der konzeptionellen Neuorientierung der zweiten Schaffensperiode entspricht.

7.2 Wirkung und Wertung

Im abschließenden Baustein 7.2 geht es um den Versuch, den Roman insgesamt zu deuten. Thomas Mann selbst unternimmt einen solchen Versuch in dem Essay „Rückkehr" aus dem Jahre 1954. Der entsprechende Text ist auf dem **Arbeitsblatt 19**, S. 90, abgedruckt. Thomas Mann bietet in seinem Kommentar eine Fülle von Hinweisen zur Entstehung, zur Konzeption und zur Interpretation, wenn er beispielsweise seinem Roman eine „symbolische Aktualität" zuschreibt.
Der Text eignet sich deshalb als Rückblick auf die gesamte Reihe und wird mit folgenden Fragen bearbeitet:

- *Thomas Mann geht an unterschiedlichen Stellen seines Textes auf die Entstehungsgeschichte seines Romans ein. Welche Aspekte betont er in diesem Zusammenhang?*
- *Im Text wird mit Begriffen wie „Typ", „gehört … zur Tradition" oder „Grundidee von einst" auf die Konzeption des Romans angespielt.*
  Verdeutlichen Sie die Romankonzeption im Sinne Thomas Manns.
- *Thomas Mann hofft, dass sein Roman nicht „frivol" wirke. Erklären Sie die Bedeutung des Begriffes aus dem Textzusammenhang.*
- *Am Ende des Textes schreibt Thomas Mann seinem Buch – bei „allem Unfug, den es treibt" – eine „symbolische Aktualität" zu. – Teilen Sie seine Ansicht?*

Zu Beginn des Textes erwähnt Thomas Mann die zeitlichen Besonderheiten der Entstehungsgeschichte (er begann „als noch nicht Vierzigjähriger"). Dann begründet er den Fragmentcharakter inhaltlich („ein Gerüst, woran man alles mögliche aufhängen kann, was einem einfällt") und äußert sich dann zur Problematik des Stilbruchs, die aufgrund der besonderen Entstehungsgeschichte naheliegt („und ich bin neugierig, ob man die Naht spüren [wird]"). Thomas Mann ordnet seinen Roman dem Typ des Schelmenromans zu und verweist in diesem Zusammenhang auf Grimmelshausens „Simplicissimus". Des Weiteren erwähnt er die Künst-

lerthematik, die – ins „Betrügerisch-Kriminelle" gewendet – ebenso zur Konzeption gehöre wie der „humoristisch-parodistische […] Bildungsroman". Die mythologische Lesart des Romans wird nur indirekt im Zusammenhang mit dem Joseph-Roman erwähnt. Auch hier überhöhte Thomas Mann, wie beim „Felix Krull", die Hauptfigur durch das Hermes-Mythologem.
Zur dritten Frage ist zu bemerken, dass Thomas Mann den Begriff „frivol" ohne erotische Konnotation verwendet. Der Textzusammenhang rückt den Begriff eher in den Kontext der Müßigkeit, des Zeitflüchtigen, der abseitigen und belanglosen Eskapade. „Frivol" stellt so letztlich den Gegenbegriff zum Wert des Buches dar, der als „symbolische Aktualität" bezeichnet wird und im Zusammenhang mit der vierten Frage erörtert werden soll.
Alternativ zum Einsatz im Unterricht kann der Text von Thomas Mann auch als Klausur gegeben werden. In diesem Fall wird er dann von den Schülerinnen und Schülern im Rahmen einer Sachtextanalyse bearbeitet. Hinweise zum Verfahren bei der Analyse von Sachtexten gibt das **Zusatzmaterial 7**, S. 106.
Wesentlich weiter als Thomas Mann selbst holt Hans Wysling mit seiner Deutung des „Felix Krull" aus. Der Text, der als **Zusatzmaterial 8**, S. 107, abgedruckt ist, genügt verschiedenen Anforderungen. Für den Unterrichtenden stellen die Ausführungen des ausgewiesenen Thomas-Mann-Experten eine Deutungshilfe zum Roman dar, die alle Aspekte der hier vorgeschlagenen Unterrichtsreihe aufgreift und differenziert entfaltet. Der Text rückt den Roman „Bekenntnisse des Hochstaplers Felix Krull" in den Kontext des Gesamtwerkes von Thomas Mann und macht auf seine exemplarische Bedeutung für eben dieses Gesamtwerk aufmerksam. Im Text wird die synchrone Betrachtung des Romans, die zur Ermittlung verschiedener Lesarten (vgl. Bausteine 2 bis 5) führt, ergänzt um eine Betrachtungsweise, die chronologische und biografische Aspekte berücksichtigt.
Über die Funktion des Zusatzmaterials 8 als Deutungshilfe hinaus ist eine Bearbeitung im Unterricht mithilfe der **Moderationsmethode** möglich. Die Moderationsmethode eignet sich zur aspektorientierten Analyse eines komplexen Sachtextes. Zunächst wird der Text an den durch Linien bezeichneten Stellen in vier Abschnitte geteilt. Der Kurs wird in Gruppen aufgeteilt. Dann erhält jede Gruppe einen der vier Abschnitte des Zusatzmaterials 8 in einfacher oder mehrfacher Ausfertigung. Die Gruppen bekommen für ihren Abschnitt jeweils die gleiche Aufgabe. Benötigt werden Moderationskarten, anstelle von Moderationswänden können auch die Wände des Kursraums und (für die Auswertung) die Tafel benutzt werden. Die Gruppe bestimmt einen Moderator, der die Arbeit in der Gruppe organisiert. Unter Umständen ist es sinnvoll, den Gruppen auch die Aufgabe in kopierter Form zur Verfügung zu stellen:

Bearbeitung des Sachtextes mithilfe der **Moderationsmethode**

- *Jedes Gruppenmitglied schätzt den Text auf einer Skala kurz ein und begründet seine Einschätzung.*
- *Auf (möglichst wenigen) Moderationskarten formuliert jedes Gruppenmitglied die wichtigsten Textaussagen (drei Zeilen pro Karte).*
- *Ähnliche Inhaltsaussagen werden dann zu Themen-Blöcken gruppiert. Die einzelnen Themenblöcke erhalten – nach gemeinsamer Absprache – Überschriften.*
- *Die Gruppen stellen ihre Ergebnisse im Plenum vor.*

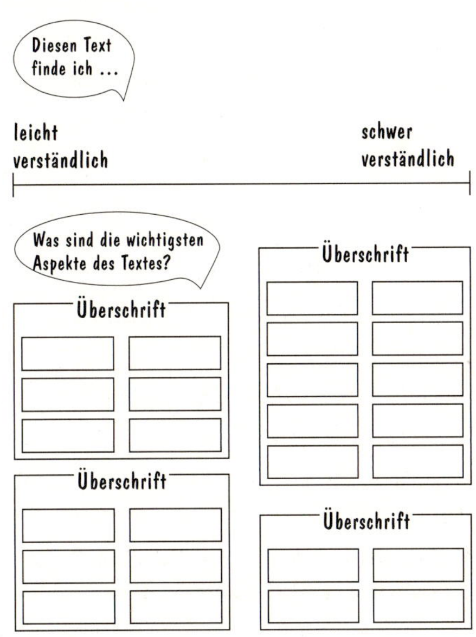

Nach der Erarbeitung der Werkgeschichte (vgl. Baustein 7.1) und dem Versuch einer Deutung des gesamten Romans sollen die Schülerinnen und Schüler im Folgenden einen Einblick in die Wirkungsgeschichte des „Felix Krull" erhalten. Nach anfänglichen Selbstzweifeln zeigte sich Thomas Mann umso überraschter von Anerkennung und Verkaufserfolg des Romans. Von seinen eigenen Büchern sind bis heute nur die „Buddenbrooks" häufiger verkauft worden. Aus Kilchberg in der Schweiz, dem letzten Wohnort der Familie Mann, schreibt er am 27.3.1955 an Oskar Seidlin:

„Es ist mir so sehr lieb, Ihren gelehrten und anmutigen Aufsatz Pikareske Züge etc, nun auf Deutsch zu besitzen, – denn auf Englisch, nicht wahr, hatte ich ihn doch bestimmt schon gelesen. – Mich in einer Tradition stehend zu fühlen, war mir immer ein Bedürfnis, und Sie zeigen mir so hübsch und klug, in welcher ich stehe, und wie ich sie entwickelte, dass es ein Vergnügen ist. Natürlich sind Joseph und Felix Krull fast dieselbe pikareske Figur; aber obgleich jener die Höhere ist, gefällt dieser den Leuten viel besser. Zur Lektüre der Josephgeschichten entschließen sich wenige; aber vom Krull wird in Deutschland schon das 80.(!) Tausend gedruckt – ich meine von dem auf einige 400 Seiten erweiterten Fragment, das erst vor kurzem erschien. Selbst Knopf, der gerade die Übersetzung las, kabelte: „Krull is absolutely magnificent". Alles schreit nach dem „Zweiten Teil", von dem noch kein Wort auf dem Papier ist. Ich habe schon wieder keine Lust mehr, interessiere mich für ganz anderes, und es ist leicht möglich, dass der Roman für immer weit offen stehen bleibt, was auch kein Unglück wäre. Es ist eine Frage der Zeit, die mir bleibt – und der Kräfte, die mir darin noch zur Verfügung stehen."[1]

Der im Brief angedeuteten englischen Übersetzung folgte bald eine ins Französische und dann in viele weitere Sprachen (z.B. 1978 ins Japanische), die zeigen, dass „Felix Krull" schließlich ein Welterfolg geworden ist. Der breiten Annahme bei den Lesern entspricht ein überwiegend positives Echo in der Kritik. Das euphorischste Urteil gab seinerzeit wohl die ZEIT ab, die schrieb: „Es ist nicht denkbar, dass ein schreibender Sterblicher die Sprache vollendeter, raffinierter und bedeutungsvoller handhabt als Thomas Mann in diesem ‚Schelmenroman'."[2]
Dagegen äußert Hellmut Jaesvich 1954 in „Der Monat" seine stilistischen Bedenken: „Am quälendsten sind gerade einige Unglaubwürdigkeiten, [...] wenn man Felix [...] parlieren hört, so überaus geziert und selbstgefällig, dass man immer befürchten muss, seine Gesprächspartner würden ihn eher zu Boden schlagen als von ihm, wie er berichtet, entzückt sein."[3]
Im oben zitierten Brief von Thomas Mann heißt es: „Alles schreit nach dem ‚Zweiten Teil' ...".
Ausgehend von diesem Zitat können die Schüler zu einer produktiven Weiterverarbeitung des offenen Schlusses aufgefordert werden. Dazu erhalten sie folgenden Schreibauftrag:

- *Einige Zeit nach den Ereignissen erhält Felix Krull einen Brief vom Marquis de Venosta, der den Identitätswechsel mit Felix rückgängig machen möchte. Ihm sei das Geld ausgegangen und seine Liebe zu Zaza verlaufe unglücklich.*
  Wie wird Felix reagieren? Verfassen Sie einen Brief Felix Krulls an den Marquis de Venosta.

1 Wysling, Selbstkommentare, a.a.O., S. 153
2 Zit. nach: Ermisch, Dokumentenmappe, S. 5
3 Zit. nach: Stein, Thomas Mann, a.a.O., S. 109

In den Briefen wird eine mögliche Fortsetzung der Romanhandlung skizziert, zusätzlich wird Felix Krull durch den Brief direkt oder indirekt charakterisiert. Bevor diese abschließende Charakterisierung Felix Krulls durch die Arbeitsblätter 21 und 22 aufgenommen wird, kann mit einigen Hinweisen zur Verfilmung des Romans ein weiterer wirkungsgeschichtlicher Aspekt thematisiert werden.
Äußerte sich Thomas Mann 1928 rückblickend auf die erste Verfilmung der „Buddenbrooks" (1923) noch skeptisch gegenüber dem Film als künstlerischem Medium, heißt es im Juli 1955: „Die technische und künstlerische Entwicklung des Films in den letzten Jahrzehnten ist so imposant, dass mein Interesse an ihm beständig wächst und ich mir die Übertragung meiner eigenen Erzählwerke auf die Leinwand lebhaft wünsche – vorausgesetzt, dass sie in [...] Liebe und Takt bewerkstelligt wird [...]."[1]
Die Verfilmung des Romans mit Horst Buchholz in der Hauptrolle wurde 1957 zu einem der großen Erfolge des deutschen Nachkriegsfilms. Eine zweite Verfilmung von 1982 als fünfteilige Fernsehserie blieb weniger bedeutend. Das **Arbeitsblatt 20**, S. 91, vermittelt einen Eindruck davon, wie es zur Verfilmung kam, und kann mit folgenden Aufgabenstellungen bearbeitet werden.

- *Versetzen Sie sich in die Rolle des Regisseurs und entwickeln Sie ein „filmisch wirksame[s] Finale".*
- *Thomas Mann spricht davon, dass „das Buch einem Film als Unterlage" diene. Für den Autor des Drehbuches bedeutete dies vor allem, einen Text von knapp vierhundert Seiten auf eine Spiellänge von etwa 100 Minuten zu reduzieren. Verfassen Sie auf diesem Hintergrund eine Dialogszene zum Thema „Liebe", die sich auf die Romanseiten 332f., 359, 368–371 und 374f. bezieht.*

  Beginnen Sie so:
  Terrasse Villa Kuckuck
  Außen, Tag
  Halbnah, Fahrt – Felix und Zouzou; später noch Maria Pia
  Felix und Zouzou, noch im Tenniskostüm, sitzen auf bequemen Korbstühlen vor einem Tischchen, auf dem sich hohe Limonadengläser befinden ...
  Zouzou: Und ich bleibe dabei: Die Liebe ist unanständig!
  Felix: ...

Die Schüler stellen die von ihnen entworfenen Schlussszenen vor, wobei eventuell an die oben formulierte Schreibaufgabe (Felix' Brief an den Marquis de Venosta) angeknüpft werden kann. Die eigenen Lösungen können mit der des Drehbuchautors Robert Thoeren verglichen werden, nach der Felix Krull unter falschem Verdacht in Lissabon inhaftiert und mit einigen Tricks befreit wird, um dann, wie geplant, Europa per Schiff zu verlassen. Ein filmisches Happy End folgt auf dem Schiff: Felix Krull fliegt Zaza, der nun ehemaligen Geliebten des echten Marquis, in die Arme, genau jener Zaza, um deretwillen der Existenzwechsel überhaupt erst vereinbart wurde!
Die Arbeiten der Schüler zur zweiten Aufgabe können als kleine Dialogszenen vorgespielt werden. Das **Zusatzmaterial 9**, S. 114, ermöglicht einen Vergleich mit dem entsprechenden originalen Drehbuchtext, der einerseits das Maß der Kürzung und Vereinfachung veranschaulicht, andererseits aber auch die Leistung des Drehbuchautors verdeutlicht, der dem Romancharakter in hohem Maße gerecht wird.
Nachdem im vorliegenden Baustein 7.2 Deutungsversuche (vgl. z. B. Arbeitsblatt 19 und Zusatzmaterial 8) und wirkungsgeschichtliche Aspekte thematisiert wurden, erhalten die

[1] Wysling, Selbstkommentare, a. a. O., S. 56

Schülerinnen und Schüler nun die Gelegenheit, abschließend zur Hauptfigur (vgl. Arbeitsblatt 21) und zum Romanganzen (vgl. Arbeitsblatt 22) Stellung zu nehmen.
Auf dem **Arbeitsblatt 21**, S. 92, sind Thesen formuliert, die Felix Krull aus ganz unterschiedlichen Blickwinkeln deuten. Die durch die Thesenform bedingte Verknappung der Gedanken kann für eine Auseinandersetzung im Unterricht fruchtbar gemacht werden. Ein Plenumsgespräch könnte wie folgt angeregt werden: Das Arbeitsblatt 21 wird vergrößert und als Kopie an der Tafel befestigt oder als Folie projiziert. Die Schülerinnen und Schüler kommen nach vorn und markieren jeweils links im Feld eine der Thesen, die ihnen besonders einleuchtend erscheint, grün und eine weitere, der sie widersprechen möchten oder die sie nicht verstehen, rot. Aus der Konstellation von roten und grünen Markierungen ergeben sich fast zwangsläufig Gesprächsanlässe und die Thesen können diskutiert werden. Alternativ zum oder im Anschluss an das Plenumgespräch lautet die Aufgabe für eine Einzelarbeit:

- *Wählen Sie zwei bis drei Thesen aus, die Sie besonders ansprechen. Nehmen Sie diese als Grundlage für einen Text, mit dem Sie die Figur Felix Krulls deuten.*

Das **Arbeitsblatt 22**, S. 93, bietet Anregungen zum sogenannten „Interwriting", ein Schreibgespräch zweier Partner, mit dem Lernergebnisse festgehalten und vom Schreiber bewertet werden. Dieses ungewöhnliche Verfahren aus dem Bereich der Gestaltpädagogik führt häufig zu überraschenden und sehr aspektreichen Ergebnissen. Die Dauer dieser abschließenden, in der Regel sehr motivierenden Reflexion muss vom Unterrichtenden – ebenso wie eine mögliche „Veröffentlichung" im Plenum – mit dem Kurs abgesprochen werden.

Notizen

Die Entstehung des „Felix Krull"

Die ersten Notizen zu den ‚Bekenntnissen des Hochstaplers Felix Krull' stammen aus dem Jahr 1905 [...]. Beim ‚Krull' handelte es sich [...] um eine neue Version des Künstler-Motivs: Die Künstlerproblematik sollte ins Kriminelle travestiert und gleichzeitig ins Heiter-Komische gewendet werden.

Mit der Arbeit begann Thomas Mann erst 1910, nachdem er sich lange mit der Konzeption des Literatur-Essays ‚Geist und Kunst' herumgeschlagen hatte, ohne zu einem Ende zu kommen. „Ich sammle, notiere und studiere die Bekenntnisse des Hochstaplers, die wohl mein Sonderbarstes werden. Ich bin manchmal überrascht, was ich dabei aus mir heraushole", heißt es im Brief vom 10.1.1910 an den Bruder Heinrich. Im Sommer 1911 unterbrach er die Arbeit, um den ‚Tod in Venedig' zu schreiben. Anschließend nahm er sich das Zweite Buch des ‚Krull' vor. Im Sommer 1913 unterbrach er die Arbeit erneut, diesmal zugunsten des ‚Zauberbergs' – die Arbeit am ‚Krull' sei „ungesund", hatte er dem Bruder im schon zitierten Brief geschrieben.

Damit begann eine lange Wartezeit der ‚Bekenntnisse'. Der Frondienst an den ‚Betrachtungen' und anderen Werken zum Tage dämmte alle künstlerische Produktion zurück. 1922 wurde aus dem bestehenden Krull-Manuskript das ‚Buch der Kindheit' veröffentlicht (es schloss mit dem Tod des Vaters). Mit der Ausgabe von 1937 ließ Thomas Mann auch die längst geschriebenen Kapitel über den Geistlichen Rat Chateau, Krulls Frankfurter Erlebnisse und die Musterungsepisode drucken. Er hatte unterdessen den ‚Zauberberg' vollendet und ‚Joseph' begonnen. 1943, nach Abschluss der ‚Lotte in Weimar' und des letzten ‚Joseph'-Bandes wurde die Fortsetzung des Krull erneut erwogen, aber wieder hatten die Hochstapler-Bekenntnisse zurückzutreten, sie wollten auch in die zweite Kriegszeit nicht recht passen.

Erst nach Abschluss des ‚Doktor Faustus' und des ‚Erwählten' war die Zeit für sie gekommen. Thomas Mann holte das Material, das er vierzig Jahre lang mitgeführt hatte, wieder hervor, erzählte von Krulls abenteuerlicher Ausfahrt in die Welt, nach Paris zuerst und dann nach Lissabon. Ein Ende war noch lange nicht abzusehen, als er sich 1954, nach dreijähriger Arbeit, dazu entschloss, der Memoiren Ersten Teil in fragmentarischer Form herauszugeben. Noch hätten nach dem ursprünglichen Plan Krulls Reise um die Welt, seine Ehe, nach neueren Plänen auch seine politischen Höhenflüge dargestellt werden sollen, schließlich auch seine Erfahrungen im Zuchthaus. Es ist nicht mehr dazu gekommen. Thomas Mann wollte sich am Ende seines Lebens noch einmal einer anderen Sphäre zuwenden: der reformatorisch-faustisch-lutherischen. Er begann mit den Vorarbeiten zu einer Luther-Novelle, schließlich zu einem Drama, das den Titel Luthers Hochzeit tragen sollte.

Aus: Hans Wysling: [Nachwort]. In: Peter de Mendelssohn (Hrsg.): Thomas Mann. Bekenntnisse des Hochstaplers Felix Krull. Gesammelte Werke in Einzelbänden. Frankfurt/M.: Fischer Verlag 1980, S. 418f.

■ *Fassen Sie den Text zusammen, indem Sie die Daten zur Chronologie tabellarisch darstellen.*

Thomas Mann, Rückkehr (1954)

– ‚Die Bekenntnisse Felix Krulls'? Ja, schon längere Zeit schreibe ich wieder an dem Roman, den ich als ein noch nicht Viezigjähriger begann, und habe dem ‚Buch der Kindheit' von damals zwei neue Bücher hinzugefügt. Das ist nun ein Band von vierhundertvierzig und einigen Seiten, ‚Der Memoiren Erster Teil', der im September erscheinen soll – Fragment immer noch, aber Fragment wird das wunderliche Buch wohl bleiben, auch wenn mir Zeit und Laune gegeben sein sollten, es noch um vierhundertvierzig Seiten weiterzuführen. Es ist gar nicht auf ein Je-da-mit-Fertigwerden angelegt, man kann daran immer weiterschreiben, weiterfabulieren, es ist ein Gerüst, woran man alles Mögliche aufhängen kann, ein epischer Raum zur Unterbringung von allem, was einem einfällt und was das Leben einem zuträgt. Das ist wohl das Charakteristischste, was ich darüber sagen kann: Dass es wohl einmal abbrechen und aufhören, aber nie fertig werden wird. Im Übrigen gehört es zum Typ und zur Tradition des pikaresken, des Abenteurer-Romans, dessen deutsches Urbild der ‚Simplicius Simplicissimus' ist. Ein junger Autor hat es begonnen, ein alter setzt es fort, und ich bin neugierig, ob man die Naht spüren, den Stilbruch bemerken wird. Ich habe mich bemüht, ihn möglichst wenig merken zu lassen und den alten Ton festzuhalten gesucht. Aber ein gewisses persönliches Wachstum, das unterdessen natürlich seinen Gang genommen hat, wirkt sich ebenso natürlich aus auf das lange liegengebliebene Werk. Es führt wohl seine Grundidee von einst, die travestierende Übertragung des Künstlertums ins Betrügerisch-Kriminelle getreulich durch, hat aber unwillkürlich an innerer Weite und Erfahrung gewonnen und sich zu einem vieles aufnehmenden humorisch-parodistischen Bildungsroman ausgewachsen. *Humoristisch* ist es seinem Wesen nach und mag zuweilen *frivol* wirken. Ich wollte freilich, es täte das nicht – wenigstens nicht im Sinne zeitflüchtigen Leichtsinns, eines sträflichen escapism. Zeitflüchtig und abseitig konnte auch der in ebenso schwerer, ebenso fordernder Zeit entstandene mythische ‚Joseph' sich ausnehmen. Und doch war er es nicht, denn er nahm teil am Kampf gegen das Unmenschliche durch eine Haltung, die diesem Unmenschlichen humanen Widerstand leistete. Ich möchte glauben, dass es beim ‚Felix Krull' nicht anders ist, dass das Buch bei all seiner Lockerheit, allem Unfug, den es treibt, eine gewisse symbolische Aktualität besitzt, die den Helleren und Feineren nicht entgehen und es in ihren Augen über den Vorwurf der Müßigkeit erheben wird.

Aus: Wysling, Selbstkommentare, a. a. O., S. 126f.

- *Thomas Mann geht an unterschiedlichen Stellen seines Textes auf die Entstehungsgeschichte seines Romans ein. Welche Aspekte betont er in diesem Zusammenhang?*
- *Im Text wird mit Begriffen wie „Typ", „gehört … zur Tradition" oder „Grundidee von einst" auf die Konzeption des Romans angespielt.*
  Verdeutlichen Sie die Romankonzeption im Sinne Thomas Manns.
- *Thomas Mann hofft, dass sein Roman nicht „frivol" wirke. Erklären Sie die Bedeutung des Begriffes aus dem Textzusammenhang.*
- *Am Ende des Textes schreibt Thomas Mann seinem Buch – bei „allem Unfug, den es treibt" – eine „symbolische Aktualität" zu. – Teilen Sie seine Ansicht?*

Die Verfilmung des Romans

Der Verfilmung des „Felix Krull" hat Thomas Mann noch selbst zugestimmt, ihre Fertigstellung aber nicht mehr erlebt. Wie er im Einzelnen über das ihm vorgelegte Filmskript der ersten „Krull"-Verfilmung mit Horst Buchholz in der Titelrolle dachte, hat Erika Mann, älteste Tochter Thomas Manns, in ihrem Artikel „Vater fand es nett" im „Hamburger Abendblatt" vom 2.3.1957 festgehalten. Sie berichtet:

Filmszene: Bekenntnisse des Hochstaplers Felix Krull

Den ‚Krull' will man verfilmen?, fragte vor ein paar Jahren mein Vater; gerade dies Buch, das längst noch nicht fertig ist und also keinerlei ‚Schluss' hat – nicht zu reden von einem ‚filmisch' wirkenden Finale? Aber er war kein Spielverderber, mein Vater, und nichts lag ihm ferner, als einen Plan zu stören, dessen schließliches Gelingen seiner vorläufigen Zustimmung bedürfte. Also autorisierte er zunächst die Herstellung eines Exposés.
Es war Robert Thoeren, der im Auftrag jener Firma, die schon ‚Königliche Hoheit' zum Erfolg geführt, den Handlungsabriss anfertigte. Das Original ging an mich, und, kaum hatte ich es gelesen, überreichte ich es meinem Vater.
Ich sehe ihn noch, wie er, aus seinem Arbeitszimmer kommend, mir die Blätter zurückgab. Er war heiterster Laune. ‚Sehr nett!' sagte er; ‚und was so einem Filmmann nicht alles einfällt!?' Die zweite Äußerung bezog sich auf den Schluss, das von Thoeren frei erfundene Finale. Ich erkundigte mich, ob dieses Filmende ihn denn nicht stören würde bei der Arbeit am zweiten Buch. ‚Gar nicht', war die rasche Antwort. ‚Buch und Film sind zwei ganz verschiedene Dinge. Und mag auch das Buch einem Film als Unterlage dienen – der Film, wenn er da ist, wird keinerlei Einfluss üben auf mein Buch.'
So weit unser Gespräch von damals – eine Unterhaltung, deren Tragweite mir nach seinem Tode erst deutlich wurde. Denn nun konnten wir es nicht mehr einholen, jenes ausdrückliche ‚Ja', das unumgänglich war, wollten wir unseren Felix auf der Leinwand in Situationen geraten lassen, von denen das Buch nichts wusste.

Zit. nach: Guido Stein: Thomas Mann, a. a. O., S. 111

- *Versetzen Sie sich in die Rolle des Regisseurs und entwickeln Sie ein „filmisch wirkende[s] Finale".*

- *Thomas Mann spricht davon, dass „das Buch einem Film als Unterlage" diene. Für den Autor des Drehbuches bedeutete dies vor allem, einen Text von knapp vierhundert Seiten auf eine Spiellänge von etwa 100 Minuten zu reduzieren.*
  Verfassen Sie auf diesem Hintergrund eine Dialogszene zum Thema „Liebe", die sich auf die Romanseiten 332f., 359, 368–371 und 374f. bezieht.
  Beginnen Sie so:
  Terrasse Villa Kuckuck
  Außen, Tag
  Halbnah, Fahrt – Felix und Zouzou; später noch Maria Pia
  Felix und Zouzou, noch im Tenniskostüm, sitzen auf bequemen Korbstühlen vor einem Tischchen, auf dem sich hohe Limonadengläser befinden …
  Zouzou: Und ich bleibe dabei: Die Liebe ist unanständig!
  Felix: …

Wer ist Felix Krull?

☐ Er ist ein Mensch, der sich seinen Sehnsüchten ausliefert.
Da seine Mittel zur Erfüllung nicht ausreichen, bedient er sich der Möglichkeiten anderer, ohne dabei Schaden zuzufügen.

☐ Der Widerspruch von Sein und Schein ist für ihn nicht existent. Sein eigentliches Wesen ist der Schein.

☐ Er ist ein Narziss. Die Menschen verfallen seinem Charme und merken zu spät, dass er nur sich selbst gefällt.

☐ Felix Krull ist ein identitätsloses Wesen. Er kennt alle Farben des Lebens, ohne selbst Farbe zu bekennen. Weil er keine Identität besitzt, spielt er im Grunde auch keine Rolle. Denn Rollen spielt nur der, der im Kern jemand ist. Felix Krull ist aber immer nur der, in dessen Identität er schlüpft.

☐ Er bezaubert durch seine glückliche, untragische Natur, seinen Lebensoptimismus und seine augenzwinkernden Schelmenstücke, die den Blick für das Menschliche offen halten.

☐ Er ist ein prinzipiell schamloser Mensch, schamlos vor sich selbst und schamlos vor der Welt. Sein vermeintlicher Humor, z. B. in der Musterungsszene, ist oft nur verletzend.

☐ Felix Krull ist überall zu Hause. Wer aber überall zu Hause ist, ist nirgends zu Hause. Er kann keine Bindungen eingehen, keine Verantwortung übernehmen. Er steuert von Reiz zu Reiz, von Maske zu Maske.

☐ Sein Leben erfüllt den Lesern einen Traum: Was wäre, wenn …?

☐ Er steht für einen Menschen, dem alles gelingt und das Glück lacht. Er lädt uns ein zur Identifikation.

☐ Felix Krull lebt eine illusionäre Existenz, aber man „denkt ihm nach": über Schein und Sein, Identität und Rollenspiel, Moral und Unmoral, Schönheit und Gefälligkeit, Sein und Wohlsein.

„Bekenntnisse des Hochstaplers Felix Krull" – ein Schreibgespräch

Das Schreibgespräch, hier in der Form des sogenannten „Interwritings", ist ein Schreibaustausch zweier Partner, das Lernergebnisse festhält und Gelegenheit gibt, diese Ergebnisse persönlich zu bewerten.
Wählen Sie einen Partner, mit dem Sie die folgende Aufgabe bearbeiten:

Das Interwriting zielt auf einen zwischenpersönlichen Schreibaustausch, der paarweise durchgeführt wird. Im Hinblick auf das vorgegebene Thema besteht Ihre Aufgabe darin, den jeweiligen Partner an Ergebnisse zum Roman „Bekenntnisse des Hochstaplers Felix Krull" zu erinnern.
Versuchen Sie dabei, nicht ausschließlich Fakten aneinanderzureihen, sondern möglichst auf das zuvor Geschriebene einzugehen und auch eigene Empfindungen und Eindrücke zu berücksichtigen.
Die einzelnen Beiträge sollen im Wechsel erfolgen; schreiben Sie immer nur wenige Sätze auf, damit das Blatt möglichst oft zwischen Ihnen hin- und herwandert. Sprechen Sie während dieser Zeit nicht miteinander, sondern klären Sie alle entstehenden Fragen schriftlich.

Das folgende Beispiel verhilft Ihnen vielleicht zu einem zügigen Einstieg:

Partner A: „Ich habe zum ‚Felix Krull' in Erinnerung behalten, dass …
Ich kann mich deswegen gut daran erinnern, weil …"

Partner B: „Mir geht es ähnlich wie Dir; auch ich habe mir gemerkt, dass …
Darüber hinaus weiß ich noch, dass …, …"

Partner A: „Dies war mir entfallen; allerdings interessierte mich das auch weniger,
weil … Ich weiß allerdings noch genau …"

1

Lazarillo von Tormes oder die Listen der Selbsterhaltung

Der „Lazarillo de Tormes" ist ein anonymer Roman (1554), der in Spanien den Schelmenroman begründete und Vorbild für diese Gattung auf der ganzen Welt wurde. Während der kurze Roman, der im Original nur etwa 50 Seiten umfasste, für die Zeitgenossen durchaus Gesellschaftskritik mit beißender Satire verband, wirkte er auf die Nachfolger besonders durch die einfache, aber allgemeinverständliche Sprache, durch die heiter-ironische Weltsicht und die glänzende Charakterisierung des Lebens des einfachen Volkes.
Der Held des Romans begründet den Typus des „Picaro", eines vom Schicksal zum Vagabunden geprägten Schelms, der im Verlauf der Handlung mehreren Herren dient und deren Schwächen bloßstellt.
1559, fünf Jahre nach dem Erscheinen, kam das Buch auf den Index. Danach gab es den „Lazarillo" in einer zensierten Fassung und einer, die dem verschollenen Urtext folgte.

Prolog

Ich halte dafür, dass so besondere und vielleicht noch nie gehörte und gesehene Dinge vielen zu Ohren kommen und nicht im Grab des Vergessens beerdigt werden; denn es könnte ja sein, jemand, der sie liest, findet etwas, das ihm gefällt, und erfreut dadurch diejenigen, die sich nicht weiter damit befassen. Sagt doch Plinius irgendwo, es gibt kein Buch, so schlecht es auch sei, das nicht irgendein Gutes enthält. Wo doch der Geschmack eines jeden verschieden ist; was der eine nicht isst, danach verzehrt sich der andre. Und so sehen wir, dass von manchen gering geachtet wird, was andre schätzen. Daran muss man denken, bevor man den Stab über etwas bricht und etwas verwirft, es sei denn gar zu verabscheuungswürdig; vielmehr sollte man es jedermann mitteilen, vor allem, da es doch nicht schädlich ist und man irgendeinen Nutzen daraus ziehen kann […]
Und so geht es mit allem: Wenn ich auch zugebe, dass ich nicht heiliger bin als meine Nachbarn, so ist es mir doch nicht unangenehm, wenn man an diesem kleinen Werkchen, das ich in so grobem Stil schreibe, Anteil nimmt, und wenn sich die daran erfreuen, die ein Vergnügen darin finden und sehen, wie viele Schicksale, Gefahren und Ungemach ein Mensch erlebt. […]

I Lazarus erzählt von seinem Leben und wessen Sohn er ist

Also, zuerst müssen Euer Gnaden einmal wissen, dass ich Lazarus von Tormes heiße, Sohn des Thomas Gonzales und Antonia Perez, die beide aus Tejares stammen, einem Dorf bei Salamanca. Meine Geburt vollzog sich auf dem Tormes-Fluss, weswegen man mir auch diesen Beinamen gab, und es geschah auf folgende Weise. Mein Vater – Gott hab' ihn selig – war damit beauftragt, eine Mühle auf einem Landgut zu verwalten, die auf diesem Fluss liegt und in der er mehr als fünfzehn Jahre Müller war. Und als meine Mutter, die schwanger ging, sich eines Nachts auf dem Gut aufhielt, überfielen sie die Wehen, und sie gebar mich dort. So kann ich in Wahrheit von mir sagen, dass ich auf dem Fluss geboren bin.
Als ich ein Knabe von acht Jahren war, warf man meinem Vater vor, er habe einige üble Aderlässe an Getreidesäcken der Leute vorgenommen, die zum Kornmahlen dorthin kamen; deswegen wurde er festgenommen; und er gestand und leugnete nicht und erduldete Verfolgung um der Gerechtigkeit willen. Ich hoffe auf Gott, dass er im Himmel ist; denn das Evangelium zählt solche zu den Seligen[1]. Zu der Zeit machte man einen jener Feldzüge gegen die Mauren, an denen mein Vater, wegen oben gesagten Unglücks damals verbannt, als Lasttierwärter eines Ritters teilnahm. Und hierbei kam er mit seinem Herrn als treuer Diener ums Leben.
Meine verwitwete Mutter beschloss nun, da sie sich ohne Gatten und Schutz sah, sich an die Guten zu halten, und so wie sie zu werden[2], und sie zog in die Stadt, um dort zu leben, mietete ein Häuschen und machte sich daran, ein paar Studenten Essen zu kochen, und ein paar Stalljungen des Magdalenen-Or-

[1] Parodie des Matthäus-Evengeliums: „Selig sind, die um Gerechtigkeit willen verfolgt werden, denn das Himmelreich ist ihrer." (Matthäus 5,10)

[2] Vgl. Erasmus von Rotterdam, Gespräch über die Liebe der Kinder zu Gott: „Desgleichen, sobald ich kann und meine Kräfte es mir erlauben, entferne ich mich aus der Gesellschaft der Bösen und nähere mich den Guten sowie den guten Sitten, damit sie mich mit ihrem Gespräch bessern mögen."

dens wusch sie ihre Wäsche, sodass sie in den Ställen ein- und ausging.

Sie und ein Mann von brauner Haut, einer von denen, die auf die Tiere zu achten hatten, lernten sich kennen. Der kam nun manchmal in unser Haus und ging erst am nächsten Morgen wieder. Manchmal kam er auch tagsüber an die Tür unter dem Vorwand, Eier zu kaufen, und trat dann ein. Ich mochte ihn anfangs gar nicht leiden und hatte Angst vor ihm, als ich seine Farbe und sein hässliches Aussehen sah; doch als ich merkte, dass das Essen besser wurde, seit er kam, hatte ich ihn bald gern, denn immer brachte er Brot, Fleisch und im Winter Holz mit, wodurch wir es warm hatten.

Während so die nächtlichen Besuche und der Umgang mit ihm weitergingen, schenkte mir meine Mutter eines Tages ein süßes kleines Negerchen, das ich schaukelte und auf das ich aufpasste, dass es schön warm lag.

Und ich entsinne mich: das kleine Kind, als mein Negerstiefvater einmal mit ihm spielte, entdeckte plötzlich, dass meine Mutter und ich weiß aussahen, er selber aber nicht; da floh es voller Angst vor ihm zu meiner Mutter hin und zeigte mit dem Finger auf ihn und sagte: „Mutter, der schwarze Mann!" Der antwortete lachend: „Ei, du Hurensöhnchen!"

Obwohl ich noch ein Knabe war, merkte ich mir diese Worte meines kleinen Bruders und sagte zu mir: „Wie viele gibt es wohl in der Welt, die vor anderen fliehen, weil sie sich selbst nicht sehn." …

Und um weitere Gefahr zu vermeiden und sich der üblichen Klatscherei zu entziehn, ging meine Mutter in den Gasthof Solana und bediente die Leute, die damals dort wohnten. Und während sie da tausend Belästigungen ausgesetzt war, gelang es ihr, mein Brüderchen so weit zu bringen, dass es laufen konnte, und mich zu einem tüchtigen Kerlchen zu machen, das den Gästen Wein, Kerzen und alles Übrige holte, was sie von mir verlangten.

Zu dieser Zeit kehrte ein Blinder in dem Gasthof ein; dem schien, dass ich der Rechte sei, um ihn zu führen; er erbat mich von meiner Mutter, und sie empfahl mich ihm und sagte, ich wäre der Sohn eines braven Mannes, der im Kampf um den Glauben in der Schlacht von Gelves[1] umgekommen sei, und sie hoffe auf Gott, ich werde kein schlechterer Mann werden als mein Vater, und bitte ihn, mich gut zu behandeln und auf mich zu achten, denn ich sei eine Waise.

Er antwortete, er wolle das tun und nähme mich nicht als Burschen, sondern als Sohn an; und so begann ich, meinem neuen, schon alten Herrn zu dienen und ihn zu führen.

Als wir in Salamanca einige Tage verbracht hatten, fand mein Herr, dass sein Gewinn nicht zu seiner Zufriedenheit war, und beschloss weiterzuziehen; und als es Zeit war zum Aufbruch, ging ich zu meiner Mutter, um sie noch einmal zu sehen, und wir weinten beide, als sie mir ihren Segen gab mit den Worten: „Mein Sohn, ich weiß, dass ich dich nicht wiedersehe. Bemüh dich, ein guter Mensch zu werden, dann wird Gott dich geleiten. Ich habe dich erzogen und dir einen guten Herrn verschafft; nun hilf dir selber!"

Und dann machte ich mich auf den Weg zu meinem neuen Herrn, der mich schon erwartete. Wir zogen aus Salamanca fort. Wenn man dort an die Brücke kommt, steht an dem einen Ende ein Tier aus Stein, das ungefähr die Gestalt eines Stieres hat. Und der Blinde befahl mir, an das Tier heranzutreten. Und als ich dort stand, sagte er zu mir: „Lazarus, halt dein Ohr an diesen Stier, dann wirst du ein lautes Geräusch darin hören."

Einfältig wie ich war, trat ich heran; denn ich glaubte, es sei so. Als er fühlte, dass ich meinen Kopf neben dem Stein hatte, holte er jedoch mit aller Wucht aus und gab mir eine derartige Ohrfeige, dass mein Kopf von dem Prall gegen den verfluchten Stier mehr als drei Tage lang schmerzte, und er sagte zu mir: „Dummkopf! Merk dir, der Bursche des Blinden muss ein bisschen mehr wissen als der Teufel."

Und er lachte über seinen Scherz.

Mir war, als ob ich in dem Augenblick aus der Unschuld erwachte, in der ich bis dahin als Kind geschlummert hatte. Ich sagte zu mir: „Recht hat er; es ist Zeit, dass ich die Augen offen halte und wach bin; denn ich stehe allein und muss daran denken, wie ich weiterkomme."

Wir begannen nun unseren Marsch, und in ein paar Tagen lehrte er mich alle seine Tricks und das Rotwelsch der Blinden. Und da er sah, dass ich recht helle war, verweilte er lange dabei und sagte: „Ich kann dir weder Gold noch Silber geben; aber Lebensweisheiten kann ich dich eine Menge lehren."

Und so geschah es auch; denn nach Gott war er es, der mir das Leben gab, mich, blind wie er war, erleuchtete und mir den Lebensweg wies.

Ich erzählte Euer Gnaden diese Kindereien so ausführlich, um zu zeigen, wie groß die Kraft und Tugend der Menschen sein müssen, denen es gelingt, aus der Tiefe aufzusteigen, und wie groß deren Schwächen und Laster, um von ihrer Höhe herabzusinken.

Um aber wieder auf meinen guten alten Blinden zurückzukommen und seine Sachen zu erzählen, müssen Euer Gnaden erst einmal wissen, dass Gott, seit er die Welt erschuf, keinen schlaueren und durchtriebeneren Menschen geschaffen hatte als ihn. Er war ein Meister in seinem Beruf. Hundert und mehr Gewerbe wusste er auswendig. Eine tiefe Stimme, ruhig und voll, von der die Kirche widerhallte, in der er betete; ein demütiges, frommes Gesicht, das er bei grader Körperhaltung aufsetzte, wenn er betete, ohne

[1] Ort in der Provinz Sevilla, wo 1510 eine der letzten Schlachten mit den muslimischen Spaniern (Mauren) stattfand

Gesten zu machen oder Fratzen zu schneiden mit Mund und Augen, wie es andere zu tun pflegen.

Außer dieser hatte er noch tausend andere Art und Weisen, Geld herauszuschlagen. So sagte er, er wisse Gebete für viele und die verschiedensten Zwecke: für Frauen, die keine Kinder kriegten, für solche, die vor der Niederkunft standen, für andere, die unglücklich verheiratet waren, damit ihre Männer sie wieder liebten. Den Schwangeren sagte er voraus, ob es ein Junge oder ein Mädchen würde. [...]

Doch um nicht weitschweifig zu werden, unterlasse ich es, viele Ereignisse zu erzählen, die ich mit diesem meinem ersten Herrn erlebte und die ebenso reizvoll wie bemerkenswert sind, und will nur noch den Abschied beschreiben und wie ich mit ihm Schluss machte. Wir waren in Escalona, einer herzoglichen Stadt[1], in einem Gasthof, und er gab mir ein Stück Schlackwurst, um es zu rösten. Als das Fett aus der Schlackwurst herausgebraten war und er die in das Fett getauchten Brotschnitten gegessen hatte, zog er einen Maravedi aus der Börse und hieß mich Wein für ihn aus der Schenke zu holen. Da führt mir der Teufel plötzlich die Gelegenheit vor Augen, die, wie man sagt, Diebe macht, und das kam, weil neben dem Feuer eine kleine, längliche und verdorbene Rübe lag, die so schlecht war, dass man sie dorthin geworfen hatte, weil sie nicht mehr zum Kochen taugte. Und da ich im Augenblick dort mit ihm allein war und plötzlich eine Gier bekam, denn der würzige Geruch der Wurst, von der ich nur wusste, dass sie gut schmecken müsse, stach mir in die Nase, da ich nicht bedachte, was mir geschehen könnte, und meine Gier nach Befriedigung die Furcht verdrängte, zog ich in dem Moment, in dem der Blinde das Geld aus der Börse nahm, die Wurst heraus und steckte ganz schnell die oben erwähnte Rübe an den Bratspieß. Den begann nun mein Herr, als er mir das Geld für den Wein gegeben hatte, über dem Feuer umzudrehen, wobei er das braten wollte, was als untauglich dem Kochen entgangen war.

Ich holte den Wein und zögerte nicht, die Wurst hinunterzuschlingen, und als ich zurückkam, fand ich den gemeinen Blinden, wie er zwischen zwei Brotschnitten die Rübe hielt, die er noch nicht erkannt, da er sie noch nicht mit der Hand berührt hatte. Als er nun die Brotschnitten nahm und hineinbiss, im Glauben, ein Stück Wurst mitzubekommen, stieß er hart auf hart mit der harten Rübe zusammen. Er fuhr auf und sagte: „Was ist denn das, Lazarillo?“

„Ach, ich Elender“, sagte ich. „Wollt Ihr mir etwa wieder etwas vorwerfen? Habe ich nicht gerade eben den Wein geholt? Es wird jemand hier gewesen sein und hat sich einen Scherz erlaubt.“ „Nein, nein“, sagte er, „ ich hab den Bratspieß nicht aus der Hand gelassen, das ist unmöglich.“

Ich schwor und schwor ihm immer wieder, ich hätte nichts mit diesem Tausch und Betrug zu tun; doch das nützte wenig, denn dem Scharfsinn des verfluchten Blinden blieb nichts verborgen. Er stand auf, packte mich am Kopf und kam nahe an mich heran, um mich zu beriechen. Und da er nach Art eines guten Dachshundes den Atem spüren musste und sich nun genau von der Wahrheit überzeugen wollte, packte er mich voller Wut, riss mir mit beiden Händen den Mund auf, mehr als recht und billig, und steckte, ohne zu überlegen, seine Nase hinein. Die war lang, spitz und vor Ärger noch länger geworden; mit ihrer Spitze kam er mir ans Zäpfchen.

Und alles dies: die Angst, die ich hatte, die Kürze der Zeit, in der die schwarze Schlackwurst noch nicht ruhig im Magen angelangt war, und vor allem die Berührung der vollendetsten Nasen, die mich fast erstickte, alles wirkte zusammen und war die Ursache dafür, dass die Wahrheit und die Naschhaftigkeit ans Licht kamen und dem Herrn das Seine zurückgegeben wurde. Und zwar derart, dass, bevor der böse Blinde seinen Rüssel aus meinen Munde nahm, mein Magen eine so starke Erregung empfand, dass Rüssel und Raub zusammentrafen und seine Nase mit schlecht Verdautem zu gleicher Zeit aus meine Munde kamen.

Oh, du mein Gott! Wäre man in dieser Stunde doch begraben gewesen! Denn tot war ich schon! Der Zorn des gemeinen Blinden war so groß, dass ich glaube, er hätte mich nicht am Leben gelassen, wenn bei dem Lärm nicht Leute herbeigeeilt wären. Sie rissen mich aus seinen Händen, die beide voll waren von dem wenigen Haar, das ich noch besaß; mein Gesicht war ganz zerkratzt und Hals und Kehle zerschunden. Das aber hätte er wohl verdient, denn durch seine Bosheit musste ich so viele Verfolgungen erleiden.

Aus: Fritz Rudolf Fries: Lazarillo von Tormes oder die Listen der Selbsterhaltung.

- *Der Pikaro tritt seinen Weg ins Leben sozial benachteiligt und häufig verwaist an. Dennoch beginnt er diesen selten allein: Eine Art geistiger Vater, Lehrer, Berater und Erzieher wird in der pikarischen Literatur an seine Seite gestellt, der sogenannte Mentor.*
  Vergleichen Sie in dieser Beziehung den Lazarillo von Tormes mit Felix Krull. Welche „schelmischen“ Merkmale verbinden Felix Krull mit seinem literarischen Urahnen, dem Lazarillo von Tormes?

[1] Anspielung auf den 1529 gestorbenen Herzog Don Diego Lopez Pacheco Marquis von Villena, der einen intellektuellen Zirkel unterhielt, dem der Autor des „Lazarillo“ nahegestanden haben könnte. Escalona zählte um die Mitte des 16. Jahrhunderts 360 Einwohner.

Grimmelshausen: „Der Abenteuerliche Simplicissimus Teutsch", Auszüge aus dem vierten Buch

Das I. bis IV. Kapitel

Bei dem Aufenthalt in Köln lernt Simplicius zwei junge Adlige kennen, die im Begriff sind, zum Sprachstudium nach Paris zu gehen. Kurzentschlossen übergibt Simplicius die Vermögensangelegenheiten seinem Rechtsanwalt und begleitet die beiden.
Als er in Paris durch unglückliche Umstände plötzlich ohne Geld dasteht, nimmt er bei einem Arzt die Hauslehrerstelle im Lautenspiel an; bei diesem Arzt lernt er auch einiges von der Quacksalberei.
Bald wird er wegen seiner Spiel- und Gesangskunst bekannt und darf sogar bei Hofe auftreten. Er erlangt die Zuneigung der höfischen Gesellschaft, und besonders die Damen nennen ihn „Beau Alman".[1]
Eines Tages wird er durch einen Brief aufgefordert, sich wegen Erteilung von Privatunterricht vorzustellen. Als er meint, bei dem Absender des Briefes zu sein, teilt ihm eine alte deutschsprechende Bedienstete mit, dass eine Dame der Gesellschaft nach ihm verlange, um „seine Schönheit genugsam betrachten" zu können. Simplicius fühlt sich hintergangen, doch willigt er schließlich ein, mit verbundenen Augen zu jener Dame zu gehen. Als ihm die Binde abgenommen wird, befindet er sich in einem Saal, der „da überaus zierlich aufgebutzet war; die Wände waren mit schönen Gemälden, das Trysur mit Silbergeschirr, und das Bett so darinnen stunde, mit Umhängen von güldenen Stücken geziert; in der Mitten stunde der Tisch prächtig gedeckt, und bei dem Feur befande sich eine Badewanne, die wohl hübsch war, aber meinem Bedunken nach schändet sie den ganzen Saal; die Alte sagte zu mir: ‚Nun willkomm Herr Landsmann, kann Er noch sagen, dass man Ihn mit Verräterei hintergehe? Er lege nur allen Unmut ab und erzeige sich wie neulich auf dem Theatro, da Er Seine Euridicen[2] wieder vom Plutone erhielte; ich versichere Ihn, Er wird hier eine schönere antreffen, als er dort eine verloren.'"

Das V. Kapitel

Ich hörte schon an diesen Worten, dass ich mich nicht nur an diesem Ort beschauen lassen, sondern noch gar was anders tun sollte; sagte derowegen zu meiner alten Landsmännin: Es wäre einem Durstigen wenig damit geholfen, wenn er bei einem verbottenen Brunnen säße; sie aber sagte, man sei in Frankreich nit so missgönstig, dass man einem das Wasser verbiete, sonderlich wo dessen ein Überfluss seie. „Ja", sagte ich, „Madame, Sie sagt mir wohl darvon, wenn ich nicht schon verheuratet wäre!" „Das sind Possen" (antwortete das gottlose Weib) „man wird Euch solches heunt nacht nit glauben, dann die verehelichte Cavallier ziehen selten in Frankreich; und ob gleich dem so wäre, kann ich doch nit glauben, dass der Herr so alber sei, eher Durst zu sterben, als aus einem fremden Brunnen zu trinken, sonderlich wann er vielleicht lustiger ist, und besser Wasser hat, als sein eigener." Dies war unser Diskurs, dieweil mir ein adeliche Jungfer, so dem Feuer pflegte, Schuh und Strümpf auszoge, die ich überall im Finstern besudelt hatte, wie dann Paris ohnedas eine sehr kotige Stadt ist. Gleich hierauf kam Befehl, dass man mich noch vor dem Essen baden sollte, dann bemeldetes Jungfräulein gieng ab und zu, und brachte das Badgezeugt, so alles nach Bisam[3] und wohlrüchender Seifen roche. Das Leinengerät war vom reinsten Cammertuch[4] und mit teuren holländischen Spitzen besetzt; ich wollte mich schämen und vor der Alten nicht nackend stehen lassen, aber es half nichts, ich musste dran und mich von ihr ausreiben lassen; das Jungfergen aber musste ein Weil abtretten; nach dem Bad wurde mir ein zartes Hemd gegeben und ein köstlicher Schlafbelz von veielblauem Daffet[5] angelegt, samt einem Paar seidener Strümpfe von gleicher Farb; so war die Schlafhaub samt den Pantoffeln mit Gold und Perlen gestickt, also dass ich nach dem Bad dort saße zu protzen, wie der Herzkönig. Indessen mir nun meine Alte das Haar trücknet und kämpelt, dann sie pflegte meiner wie einem Fürsten oder kleinen Kinde, trug mehrgemeldtes Jungfräulein die Speisen auf, und nachdem der Tisch überstellt[6] war, tratten drei heroische[7] junge Damen in den Saal, welche ihre alabasterweiße Brüste zwar ziemlich weit entblößt trugen, vor den Angesichtern aber ganz vermaskiert; sie dünkten mich alle drei vortrefflich schön zu sein, aber doch war eine viel schöner als die ander; ich machte ihnen ganz stillschweigend einen tiefen Bückling, und sie bedankten sich gegen mir mit gleichen Zeremonien, welches natürlich sahe, als ob etliche Stummen beieinander gewesen, so die Redende agiert hätten; sie setzten sich alle drei zugleich nieder, dass ich also nit erraten konnte, welche die vornehmste unter ihnen gewesen, viel weniger welcher ich zu dienen da war; die erste Red war, ob ich nit Französich könnte? Meine Landmännin sagte: Nein.

[1] *Beau Alman:* der schöne Deutsche. [2] *Euricidicen:* Die Alte spielt hier auf Simplicius' Theaterauftritt in der Rolle des Orpheus an.
[3] *Bisam:* auch Moschus genannt, Duftstoff aus einer Drüse des Moschusochsen, Grundstoff in der Parfümerzeugung.
[4] *Cammertuch:* Leinen aus Cambrai. [5] *Daffet:* Taft, Seidenstoff. [6] *überstellt:* gedeckt. – [7] *heroische*: Heroinen, Halbgöttinnen gleichende.

Hierauf versetzte die ander: Sie sollte mir sagen, ich wollte belieben niederzusitzen; als solches geschehen, befohl die dritte meiner Dolmetschin, sie sollte sich auch setzen: Woraus ich abermal nicht abnehmen mögen, welche die vornehmste unter ihnen war. Ich saße neben der Alten gerad gegen diesen dreien Damen über, und ist demnach meine Schönheit ohn Zweifel neben einem so alten Geribb desto besser hervorgeschienen. Sie blickten mich alle drei sehr andächtig an, und ich dörfte schwören, dass sie viel hundert Seufzen gehen ließen: Ihre Augen konnte ich nit sehen funklen wegen der Masken, die sie vor sich hatten. Meine Alte fragte mich (sonst konnte niemand mit mir reden), welche ich unter diesen dreien vor die schönste hielte? Ich antwortete, dass ich keine Wahl darunter sehen könnte[1], hierüber fieng sie an zu lachen, dass man ihr alle vier Zähn sahe, die sie noch im Maul hatte, und fragte: „Warum das?“ Ich antwortet, weil ich sie nit recht sehen könnte; doch soviel ich sähe, wären sie alle drei nit häßlich. Dieses, was die Alte gefragt und ich geantwort, wollten die Damen wissen; mein Alte verdolmetschte es, und log noch darzu, ich hätte gesagt, einer jeden Mund wäre hundertausendmal küssenswert! denn ich konnte ihnen die Mäuler unter den Masken wohl sehen, sonderlich deren, so gerad gegen mir über saße. Mit diesem Fuchsschwanz[2] machte die Alte, dass ich dieselbe vor die vornehmste hielte und sie auch desto eifriger betrachtete. Dies war all unser Diskurs über Tisch, und ich stellte mich, als ob ich kein französisch Wort verstünde. Weil es dann so still hergieng, machten wir desto ehe Feirabend: Darauf wünschten mir die Damen ein gute Nacht und giengen ihres Wegs, denen ich das Geleit nit weiter, als bis an die Tür geben dörfte, so die Alte gleich nach ihnen zuriegelte. Da ich das sahe, fragte ich, wo ich denn schlafen müsste? Sie antwortet, ich müsste bei ihr in gegenwärtigem Bett vorliebnehmen. Ich sagte, das Bett wäre gut genug, wenn nur auch eine von jenen dreien darin läge! „Ja“, sagte die Alte, „es wird Euch fürwahr heunt keine von ihnen zuteil.“ Indem wir so plauderten, zog eine schöne Dam, die im Bett lag, den Umhang etwas zurück und sagte zu der Alten, sie solle aufhören zu schwätzen, und schlafen gehen! Darauf nahm ich ihr das Liecht und wollte sehen, wer im Bett läge? Sie aber leschte solches aus und sagte: „Herr, wenn Ihm Sein Kopf lieb ist, so unterstehe Er sich dessen nit, was Er im Sinn hat; Er lege sich, und sei versichert, da Er mit Ernst sich bemühen wird, diese Dame wider ihren Willen zu sehen, dass Er nimmermehr lebendig von hinnen kommt!“ Damit gieng sie durch, und beschloß die Tür; die Jungfer aber, so dem Feuer gewartet, lescht das auch vollend aus und gieng hinder einer Tapezerei[3], durch ein verborgene Tür, auch hinweg. Hierauf sagte die Dame, so im Bett lag: „Allé[4], Monsieur Beau Alman, gee schlaff mein Herz, gom rick su mir!“ So viel hatte sie die Alte Teutsch gelernet; ich begab mich zum Bett, zu sehen, wie dann dem Ding zu tun sein möchte? und sobald ich hinzukam, fiel sie mir um den Hals, bewillkommte mich mit vielem Küssen, und bisse mir vor hitziger Begierde schier die unter Lefzen[5] herab; ja sie fing an meinem Schlafbelz aufzuknöpfeln und das Hemd gleichsam zu zerreißen, zog mich also zu ihr, und stellte sich vor unsinniger Liebe also an, dass nicht auszusagen. Sie konnte nichts anders Teutsch, als *Rick su mir mein Herz!* das übrige gab sie sonst mit Gebärden zu verstehen. Ich gedachte zwar heim an meine Liebste, aber was halfs, ich war leider ein Mensch, und fand ein solche wohlproportionierte Kreatur, und zwar von solcher Lieblichkeit, dass ich wohl ein Ploch[6] hätte sein müssen, wenn ich keusch hätte darvonkommen sollen.

Dergestalt bracht ich acht Täg und so viel Nächt an diesem Ort zu, und ich glaube, dass die andern drei auch bei mir gelegen seien, dann sie redeten nicht alle wie die erste, und stellten sich auch nicht so närrisch. Wiewohl ich nun acht ganzer Tage bei diesen vier Damen war, so kann ich doch nit sagen, dass mir zugelassen worden, ein einige anders als durch eine Florhauben, oder es sei denn finster gewesen, im bloßen Angesicht zu beschauen. Nach geendigter Zeit der acht Tag setzt man mich im Hof, mit verbundenen Augen, in eine zugemachte Gutsche zu meiner Alten, die mir unterwegs die Augen wieder aufbande, und führte mich in meines Herrn Hof; alsdann fuhr die Gutsche wieder schnell hinweg. Meine Verehrung war 200 Pistolet[7], und da ich die Alte fragte, ob ich niemand kein Trinkgeld darvon geben sollte? sagte sie: „Beileib nicht, dann wann Ihr solches tätet, so würde es die Dames verdrießen; ja sie würden gedenken, Ihr bildet Euch ein, Ihr wäret in einem Hurenhaus gewesen, da man alles belohnen muss.“ Nachgehends bekam ich noch mehr dergleichen Kunden, welche mirs so grob machten, dass ich endlich aus Unvermögen der Narrenpossen ganz überdrüssig wurde.

Aus: Schafarschik, S. 95–99

[1] *dass ich keine Wahl darunter sehen könnte:* dass mir zu wählen nicht möglich sei. [2] *Fuchsschwanz:* Schmeichelei. [3] *Tapezerei:* Tapete, Tapetenwerk. – [4] Allé: frz. ‚allez‘: nun kommt. [5] *Lefze:* Lippe. [6] *Ploch:* Block, Klotz. [7] *Pistolet:* Goldmünze

Die Memoiren des Hochstaplers Georges Manolescu

Georges Manolescu, geboren im Mai 1871 in Ploesti, war um die Jahrhundertwende in ganz Europa bekannt und gefürchtet. Unter verschiedenen wohlklingenden Namen und Titeln (Fürst Lahovary, Prinz von Padua, Marchese de Passano, Herzog von Otranto) bereiste er Kapitalen, Großstädte, mondäne Seebäder und Kurorte von Europa, Amerika, Japan, Ägypten usw. Die Kühnheit seiner Coups machte in der Presse Sensation. Seine Spezialität waren Hoteldiebstähle, Betrügereien beim Spiel und Heiratsschwindel. Im Verlauf von fünf Jahren beging er über zweihundert Diebstähle in der Gesamtsumme von sieben Millionen Francs. Er nahm dabei zwei und eine halbe Million ein, verlor aber im gleichen Zeitraum mehr als 1 800 000 Francs am Spieltisch. Er wurde wiederholt verhaftet und ins Gefängnis gesteckt, brachte es jedoch durch Simulation von Wahnsinnszuständen mehr als einmal fertig, dass ihn die Untersuchungsbehörde in eine Klinik versetzen ließ, was ihm die Flucht erleichterte. Schließlich gelang es ihm, eine Millionenerbin zu heiraten. Er scheint ihr seine Hochstaplerabenteuer gestanden zu haben.

Die deutsche Übersetzung seiner Memoiren erschien 1905 unter dem Titel *Ein Fürst der Diebe* im Verlag Langenscheidt. Das Buch kam innert Jahresfrist auf fünf Auflagen, und der geschäftstüchtige Verleger ließ noch im gleichen Jahr einen zweiten Band folgen: *Gescheitert. Aus dem Seelenleben eines Verbrechers.* Nach der Absicht des Verlegers hätte dieser Band die psychologischen Aspekte eines Hochstaplerlebens darstellen sollen; da der Verfasser diesen Erwartungen aber keineswegs zu entsprechen vermochte, wurde der Band nur zu einer ausgewalzten Ergänzung des ersten.

Die Manolescu-Memoiren stehen nicht in Thomas Manns Nachlassbibliothek. Die Exzerpte im Notizmaterial zum *Krull* und der Textvergleich zeigen jedoch deutlich genug, wie stark Manolescus Berichte auf den Roman gewirkt haben. Sie waren doch etwas mehr als bloß „ein Stoff und Material", wie Thomas Mann in der 51. Notiz zu *Geist und Kunst* geschrieben hat. Wir unterscheiden fünf Funktionen: 1. Sie enthielten ein – das war für die „Komposition" wichtig – zwar lockeres, aber doch brauchbares „Tatsachen- und Fabel-Gerippe". 2. Sie versahen Thomas Mann mit einer Fülle von Einzelzügen und Motiven und dienten damit der „Realisation" der Hochstaplerlaufbahn. 3. Sie lieferten einiges Material zur Hochstaplerpsychologie und bestärkten Thomas Mann in der Einsicht, dass Künstler- und Hochstaplerexistenz auf Grund ihrer Scheinhaftigkeit miteinander verwandt seien. 4. Sie enthielten ein betont sozialkritisches Element: Manolescu schob der Gesellschaft die Schuld an seinen kriminellen Akten zu. 5. wirkte der manieristisch-gartenlaubige Stil der deutschen Übersetzung auf Krulls Sprache ein. […]

Der Hochstapler Georges Manolescu. Manolescus Memoiren boten eine Menge von Anregungen zu Krulls Hochstapler-Bekenntnissen. Sie erschienen 1905 unter dem Titel „Ein Fürst der Diebe" und hatten einen so großen Erfolg, dass der Verlag einen zweiten Band nachfolgen ließ.

Sozialkritik. Manolescu handelt aus einem „unsäglichen Hass" gegen die Gesellschaft. Schon seine frühesten Beobachtungen pflanzen „den ersten Keim der Auflehnung" gegen die Ungerechtigkeiten dieser Welt" in sein Herz.

Lange Stunden saß ich in meiner Stube in einem Sessel, träumte, grübelte und entwarf meine Pläne für den künftigen Feldzug, den ich der Gesellschaft liefern wollte. Mein Verstand sagte mir, dass in der heutigen Welt, wo in Politik, Handel, Industrie und Wissenschaften Intelligenz, Mut und Entschlossenheit so oft zum Ziele führten, diese Eigenschaften ebensosehr auf dem Gebiet des Verbrechens von Wert sein und zum Erfolg verhelfen müssten. Ich sagte mir ferner, dass in dieser Welt Mann gegen Mann steht, – dass ebenso, wie der Politiker durch einen anderen intelligenten, verschlagenen, skrupellosen Politiker gestürzt wird, – wie der Kaufmann durch einen anderen überholt wird, der auch nur Kaufmann ist, aber unternehmender und schneidiger, – dass ebenso der gerissene, entschlossene und helle Spitzbube, dem nichts mehr heilig ist, noch viel leichter und sicherer auf seinem Gebiete sie alle, den Kaufmann, Politiker oder sonst wen, übers Ohr hauen könnte. Ich sagte mir endlich, dass es für einen solchen Schelm völlig überflüssig und erzdumm wäre, wollte er sich falscher Schlüssel, des Messers, Hammers oder Revolvers bedienen; denn in der Verbrecherlaufbahn, wie überall, müssten die geistigen Fähigkeiten es weiterbringen als die rohe Gewalt. Und wenn ich mich in der Welt umsah, musste ich ebenfalls erkennen, wie sehr die Schicksale anderer Verbrecher mir recht gaben; ich fand keinen einzigen, der durch Gewalt oder Mord zu seinem Ziele gelangt wäre, während es diesseits und jenseits des Ozeans eine recht ansehnliche Zahl von Leuten gab, die durch Schwindeleien und Betrügereien aller Art mithilfe ihres elastischen Gewissens und ihrer geschickt angewendeten Begabung sich ein hübsches Sümmchen beiseite gelegt und vortrefflich für ihr ehrwürdiges Alter gesorgt hatten.

Er betrachtet sein Verhältnis zur Umwelt als „ein Duell, – auf der einen Seite ich ganz allein, auf der anderen die ganze Bande dort drüben, – unser Kampfpreis alle die Freuden dieser Erde, Luxus und unbegrenzter Reichtum, – meine Waffe Ehrlosigkeit und Gerissenheit, ihre die stumpfsinnige Arbeit [...]". Das führt zu jener Attacke gegen die „große Welt", die auf Thomas Mann einen denkbar starken Eindruck gemacht hat, weil sie das Motiv des Blendens und Täuschens, aber auch das der Vertauschbarkeit so grell herausstellt:

Immer mehr erkannte ich, dass selbst in dieser Republik, in der doch eigentlich alle sozialen Gegensätze ausgeglichen sein müssten, die Gesellschaft vor Reichtum, Rang und Titeln kriecht und blindlings das anbetet, was glänzt und besticht.

Ist man ein junger anständiger Mann und geht bescheiden zu Fuß durch die Straße, so kümmert sich keine Menschenseele um uns. Rekelt sich aber derselbe Jüngling kurz darauf als Gigerl bramsig in den Kissen einer pompösen Equipage mit Vollblütern davor und einem noch bramsigeren Kutscher auf dem Bock, oder rast er in einem knatternden, duftenden Auto wie ein flüchtiger Kassierer durch die Straßen, so bleibt dieselbe Menge, die ihn soeben hat achtlos vorübergehn lassen, wie verhext in grenzenloser Bewunderung stehn und schluckt noch immer selig Staub, wenn das Töff-Töff schon längst in endloser Ferne verschwunden ist. – Erscheint ein bildhübsches junges Mädchen in dürftigem Fähnchen im Ballsaal, so werden kaum einige gutmütige Idealisten sich flüchtig mit dem Mauerblümchen beschäftigen. Kommt dasselbe junge Mädchen auf den nächsten Ball in einem Worth-Kostüm und hochmoderner Frisur, lässt sie durch klug bemessenen Ausschnitt sinnverwirrende Reize ahnen und blitzt sie von Juwelen wie ein wandelnder Kronschatz, so wird man sofort dieselben Kavaliere, für die sie unlängst erst vollständig Luft gewesen ist, in Scharen um sie herumschwänzeln und sich gegenseitig auf die Lackstiefel treten sehn, um ihr zu huldigen und einen Sonnenstrahl ihrer Gunst zu erhaschen. Mundus vult decipi, oder auf gut Deutsch: Die Dummen werden nicht alle.

Aus: Die Memoiren des Hochstaplers Georges Manolescu (Auszug, gek.). In: Hans Wysling: Narzissmus und illusionäre Existenzform. Bern: Francke 1982, S. 154f., 166f.

Johann Wolfgang von Goethe: „Wilhelm Meisters Lehrjahre", Auszug aus dem 5. Buch, 3. Kapitel

Dass ich Dir's mit einem Worte sage: mich selbst, ganz wie ich da bin, auszubilden, das war dunkel von Jugend auf mein Wunsch und meine Absicht. Noch hege ich eben diese Gesinnungen, nur dass mir die Mittel, die mir es möglich machen werden, etwas deutlicher sind. Ich habe mehr Welt gesehen, als Du glaubst, und sie besser benutzt, als Du denkst. Schenke deswegen dem, was ich sage, einige Aufmerksamkeit, wenn es gleich nicht ganz nach Deinem Sinne sein sollte.

Wäre ich ein Edelmann, so wäre unser Streit bald abgetan; da ich aber nur ein Bürger bin, so muss ich einen eigenen Weg nehmen, und ich wünsche, dass Du mich verstehen mögest. Ich weiß nicht, wie es in fremden Ländern ist, aber in Deutschland ist nur dem Edelmann eine gewisse allgemeine, wenn ich sagen darf, personelle Ausbildung möglich. Ein Bürger kann sich Verdienst erwerben und zur höchsten Not seinen Geist ausbilden; seine Persönlichkeit geht aber verloren, er mag sich stellen, wie er will. [...]

An diesem Unterschiede ist nicht etwa die Anmaßung der Edelleute und die Nachgiebigkeit der Bürger, sondern die Verfassung der Gesellschaft selbst schuld; ob sich daran einmal etwas ändern wird und was sich ändern wird, bekümmert mich wenig: genug, ich habe, wie die Sachen jetzt stehen, an mich selbst zu denken, und wie ich mich selbst und das, was mir ein unerlässliches Bedürfnis ist, rette und erreiche.

Ich habe nun einmal gerade zu jener harmonischen Ausbildung meiner Natur, die mir meine Geburt versagt, eine unwiderstehliche Neigung. Ich habe, seit ich Dich verlassen, durch Leibesübung viel gewonnen; ich habe viel von meiner gewöhnlichen Verlegenheit abgelegt und stelle mich so ziemlich dar. Ebenso habe ich meine Sprache und Stimme ausgebildet, und ich darf ohne Eitelkeit sagen, dass ich in Gesellschaften nicht missfalle. Nun leugne ich Dir nicht, dass mein Trieb täglich unüberwindbarer wird, eine öffentliche Person zu sein, und in einem weitern Kreise zu gefallen und zu wirken. Dazu kömmt meine Neigung zur Dichtkunst und zu allem, was mit ihr in Verbindung steht, und das Bedürfnis, meinen Geist und Geschmack auszubilden, damit ich nach und nach auch bei dem Genuss, den ich nicht entbehren kann, nur das Gute wirklich für gut und das Schöne für schön halte. Du siehst wohl, dass das alles für mich nur auf dem Theater zu finden ist, und dass ich mich in diesem einzigen Elemente nach Wunsch rühren und ausbilden kann. Auf den Brettern erscheint der gebildete Mensch so gut persönlich in seinem Glanz als in den obern Klassen; Geist und Körper müssen bei jeder Bemühung gleichen Schritt gehen, und ich werde da so gut sein und scheinen können als irgend anderswo [...].

Aus: Hamburger Ausgabe, textkritisch durchgesehen von Erich Trunz. Band 7, 1965, S. 290–292

- *Welche Ansprüche und Ziele an sein Leben formuliert Wilhelm an dieser (frühen) Stelle des Romans?*

Thomas Mann (1875–1955)

Thomas Mann, *6.6.1875 Lübeck, † 12.8.1955 Kilchberg bei Zürich, Schriftsteller. Einer der bedeutendsten deutschsprachigen Erzähler des 20. Jahrhunderts. Für seinen Roman „Buddenbrooks“ (1901) erhielt er 1929 den Nobelpreis für Literatur. Weitere wichtige Werke sind „Der Tod in Venedig“ (1912), „Der Zauberberg“ (1924), die vier „Joseph“-Romane (1933–1943), „Doktor Faustus“ (1947).

Thomas Mann

Leben und Werk

Kindheit und Jugend: Thomas Mann wurde am 6. Juni 1875 als zweiter Sohn eines wohlhabenden und angesehenen Lübecker Kaufmanns und Senators geboren. Er verbrachte eine glückliche Kindheit, die Schule absolvierte er allerdings nur widerwillig. Dort galt er bei den Lehrern als verstockt und gleichgültig und hat trotz zweifacher Wiederholung einer Klasse das Abitur nicht geschafft. Zwei Jahre nach dem Tod des Vaters und der Liquidierung seiner Firma verließ Mann 1893 mit knapp 19 Jahren die Schule und ging mit der Familie nach München, entschlossen, eines Tages Dichter zu werden. Trotzdem trat er, vermutlich dem Wunsch der Familie entsprechend, als Volontär in das Kontor einer Feuerversicherung ein. Die leichte Arbeit ließ ihm Zeit für sein Schreiben, die Novelle „Gefallen“ entstand und wurde in einer der bekanntesten literarisch-politischen Zeitschriften veröffentlicht. Dieser Erfolg ermutigte ihn, die Ausbildung abzubrechen und sich in einem freien Studium auf die professionelle Schriftstellerei vorzubereiten. Er schrieb in dieser Zeit unter anderem Rezensionen und Kritiken für die satirische Zeitschrift „Simplizissimus“, und beim S. Fischer Verlag erschien 1898 seine Novelle „Der kleine Herr Friedemann“. Der Weg zum selbstständigen Autor schien sich zu bahnen, zumal er mit der Volljährigkeit 1896 durch eine üppige monatliche Rente von 320 Goldmark finanziell unabhängig war und Redakteur beim „Simplizissimus“ wurde.

Durchbruch mit den „Buddenbrooks“

Im Jahr 1897 begann Thomas Mann die Arbeit an einer kleinen Erzählung, die sich dann zu seinem ersten Roman auswuchs. Über drei Jahre schrieb er beharrlich an der literarischen Chronik über den Verfall einer Lübecker Handelsfamilie. Dabei vertraute er nicht so sehr seiner Fantasie als vielmehr realen Begebenheiten. Dementsprechend empört war seine Heimatstadt nach dem Erscheinen des Romans, zumal er in einem anschaulichen, realistischen Stil gehalten ist. Allerdings ist Thomas Manns „Realismus“ von symbolischen Ebenen durchzogen, seine Texte sind reich an hintergründigen Bezügen, Anspielungen und Bedeutungen. Zentral ist für sein Schreiben das Mittel der Ironie. Sie stellt eine Distanz zur realistischen Ebene her und macht die Verbindung von der dargestellten Wirklichkeit zur symbolischen Bedeutung bewusst. Thomas Manns Lebensthema, das er in immer neuen Varianten bearbeitet, ist die Künstlerexistenz in der bürgerlichen Gesellschaft, das Spannungsverhältnis zwischen Geist und Leben. In den „Buddenbrooks“ versiegt in der vierten Generation die Tatkraft, und das unternehmerische Geschick der Kaufmannsfamilie findet sein Ende mit dem sensiblen „Spätling“ Hanno Buddenbrook. Er ist den strengen Lebensaufgaben nicht mehr gewachsen, seine Basis ist allein die Kunst, der er sich rauschhaft hingibt. Es ist für Mann die Ironie der Entwicklungsgeschichte, dass aus dem Prozess der biologischen Degeneration eine Vergeistigung und seelische Verfeinerung entsteht. Diese Vorstellung ist stark geprägt von Friedrich Nietzsche, den Thomas Mann sein ganzes Leben hindurch intensiv gelesen hat. Weitere Leitbilder sind Arthur Schopenhauer und Richard Wagner. Die Opulenz und Sinnlichkeit von Wagners Opern hatten eine starke Wirkung auf den Autor. Auch erinnert die Technik des in immer neuen Variationen erscheinenden Leitmotives an Wagners Kompositionsverfahren. In der berühmten Dichternovelle „Tonio Kröger“ (1903) arbeitet Thomas Mann den Konflikt zwischen Bürger und Künstler auf eine andere Weise heraus: Gegenüber der Anständigkeit und Gewöhnlichkeit des bürgerlichen Lebens hat der Künstler das Problem, dass er das Leben zwar in Kunst gestalten kann, aber selbst nicht am Leben teilnimmt.

Es gibt keine Synthese der beiden Bereiche. Der scharfe Blick des Dichters hält die Welt auf Abstand, doch es geschieht in sentimentaler Trauer um den Verlust der Unmittelbarkeit. Die Novelle „Tod in Venedig“ (1912) zeigt symbolisch, wie ein Dichter in der Wirklichkeit umkommt. Der alternde Schriftsteller Gustav Aschenbach verfällt dem schönen Knaben Tadzio, er entscheidet sich bewusst gegen seinen scharfen Verstand und für die „naive“ Liebe, zugleich gibt er die bürgerliche Fassade auf und öffnet sich dem Dionysischen. Sein Weg führt in Chaos und Zerfall, schließlich stirbt er. Thomas Mann bannt die Bedrohung des Künstlers, die er selbst auch empfand, in den Bereich der Literatur, und es gelingt ihm für sein eigenes Leben eine auf den ersten Blick harmonische bürgerliche Beziehung. 1905 heiratet er Katja Pringsheim, die Tochter eines angesehenen Universitätsprofessors. Damit steigt er in die Spitze der Münchner Gesellschaft auf. Insgesamt sechs Kinder stammen aus der Ehe, Erika, Klaus, Golo, Monika, Elisabeth und Michael. Trotzdem zeigen seine Tagebücher an vielen Stellen, wie mühevoll es für ihn war, angesichts seiner Homosexualität die bürgerliche Struktur aufrechtzuerhalten.

Der Erste Weltkrieg und die „Betrachtungen eines Unpolitischen“

Noch kurz vor dem Ende des ersten Weltkriegs veröffentlichte Thomas Mann seine „Betrachtungen eines Unpolitischen“ (1918), einen politisch-ästhetischen Essay, in dem er den Krieg befürwortet und sich zum konservativen Beschützer deutscher Werte aufschwingt. Den Ideen der Französischen Revolution und der Demokratie insgesamt wird eine Absage erteilt („geistig-politische Invasion des Westens“). Der fortschrittlichen, französischen Humanität stellt er eine Denkweise entgegen, die alles aus einem ästhetischen, distanzierten Blick betrachtet und nicht in den Lauf der Weltgeschichte eingreift. Seine „deutsche“ Humanität ist die des Leidens und Dienens. Der Pathos des Buches steht im krassen Gegensatz zur grausamen Kriegsrealität, von der er im sicheren München keine Vorstellung zu haben schien. Die „Betrachtungen“ sind auch Teil der Auseinandersetzung mit seinem vier Jahre älteren Bruder Heinrich, der als ebenso bekannter Schriftsteller stets auch ein Konkurrent für Thomas Mann war. Es kommt zum Zerwürfnis, als sich Thomas Mann von dessen pazifistischer, demokratischer und pro-westlicher Haltung angegriffen fühlt.

„Der Zauberberg“ und die Weimarer Republik

Einige Jahre nach dem Ersten Weltkrieg vollzieht Thomas Mann mit der Rede „Von deutscher Republik“ (1922) einen offiziellen Sinneswandel und findet Argumente für die Demokratie. Sein geistesgeschichtlicher Hintergrund bleibt weiterhin konservativ, doch unter den Anhängern der „konservativen Revolution“ gilt er als Wendehals. Eine tragische Weltsicht und „Todesnähe“ bestimmt stattdessen das Denken Thomas Manns. Das zeigt sich bei der Veröffentlichung seines Romans „Der Zauberberg“ 1924. Begonnen hatte er das Manuskript schon 1913, doch erst nach dem Krieg schrieb er intensiv daran. Hier zog er die Summe seiner Auseinandersetzung mit Nationalismus und Demokratie.

[...]

Immer stärker polarisiert sich das politische Leben der Weimarer Republik. Thomas Mann wandelt sich in dieser Zeit zum kulturellen Aushängeschild der Demokratie und um 1930 zum erklärten Antifaschisten. In zahlreichen Reden bezog er öffentlich Stellung, beispielsweise in seiner „Deutschen Ansprache“ 1930 oder in der „Rede vor Arbeitern in Wien“ 1932, obwohl er auch hier wieder nicht politisch, sondern ästhetisch argumentiert.

„Joseph und seine Brüder“, Emigration

Seit 1926 war er wieder mit einem großen Romanprojekt beschäftigt, das bis 1943 dauerte und schließlich vier Bände umfasste. Im Mittelpunkt steht die Geschichte des biblischen Joseph aus dem Alten Testament. Der Überlieferung nach wurde er von seinen Brüdern nach Ägypten verkauft und stieg dort bis zum Pharaonenberater auf. Thomas Mann bearbeitet den Mythos in einem republikanischen Sinne. Sein Joseph ist ein erwählter Mensch, der seine Besonderheit kennt und sie sozial verantwortlich einsetzt. Hier ändert sich der Blick des Schriftstellers auf die Künstler-Bürger-Problematik. Angesichts der politischen Zustände in Deutschland spricht aus den Romanen eine erstaunlich heitere, den Widerstand aufmunternde Stimmung. Den Abschied aus Deutschland hatte Thomas Mann eigentlich nicht vorgesehen, denn er wollte den Kontakt zu seinem Publikum nicht verlieren (der zweite Band des Joseph-Romans stand kurz vor der Auslieferung). Er ging dabei so weit, dass er die Zusage zur Mitarbeit an der Exilzeitschrift „Die Sammlung“, die sein Sohn Klaus herausgab, aus Angst um seine Veröffentlichungsmöglichkeit in Deutschland wieder zurückzog, sehr zur Erbitterung des Sohnes. Dabei lebte auch Thomas Mann schon seit Februar 1933 nicht mehr in Deutschland, denn er blieb nach einer Vortragsreise ins benachbarte Ausland auf dringendes Anraten von Freunden und den Kindern Klaus und Erika in der Schweiz. Allerdings bezog er erst 1936 anlässlich einer literaturpolitischen Debatte einen klar antifaschistischen Standpunkt. Im gleichen Jahr wurde er schließlich ausgebürgert und die Universität Bonn entzog ihm wieder die Ehrendoktorwürde. Das gab Thomas Mann die Gelegenheit, aus seiner Ablehnung des Nationalsozialismus kein Geheimnis mehr zu machen und jedes öffentliche Mittel zu nutzen, um den totalitären und brutalen Charakter des Regimes anzuprangern.

1938 zog die Familie nach Kalifornien, wo Thomas Mann eine Professur der Princeton University antrat, die ihn finanziell absicherte. Sein internationales Ansehen machte ihn zum „demokratischen Wanderredner", wie er sich selbst ironisch bezeichnete. Politisches Moralisieren war noch immer nicht seine Sache, er blieb auch in den Jahren des politischen Engagements insgeheim der Überzeugung treu, dass der Geist das Leben nicht ändern kann und der Künstler als Politiker nur Platitüden von sich gibt und sich lächerlich macht. Da er auch in der Emigrantenhilfe stark eingespannt war (privat unterstützte er viele Kollegen finanziell), ließ ihm die „praktische" Arbeit wenig Raum für seine eigentliche Tätigkeit. Trotzdem vollendete er im Oktober 1938 den Goethe-Roman „Lotte in Weimar". [...]

Thomas Mann blieb in die „äußere" Welt involviert. Im Oktober 1942 begann eine Reihe von Radioansprachen mit dem Titel „Deutsche Hörer", die für den BBC produziert wurden. Er war Gast bei Präsident Roosevelt, wurde Wahlredner für ihn und nahm 1944 die amerikanische Staatsbürgerschaft an.

Nach dem Krieg, „Doktor Faustus" und die Deutschen

Seit 1943 arbeitete Thomas Mann an seinem Roman „Doktor Faustus", die Politik hatte auch sein Werk erfasst. In der Figur des Komponisten Adrian Leverkühln spiegeln sich Schuld und Unvermögen der bürgerlichen Gesellschaft, die in den Faschismus führen: Leverkühn verschreibt sich dem Teufel, um die Musik durch die Erfindung der Zwölftontechnik noch einmal in geniale Höhen voranzutreiben. [...]

Thomas Mann selbst war nach dem Krieg in einen polemischen Streit mit Autoren der „inneren Emigration" verwickelt. Sie machten ihm und anderen Exilautoren zum Vorwurf, dass diese ein schönes Leben genossen hätten, während sie leiden mussten. Mann reagierte sehr unwirsch und tat alle Bücher, die bis 1945 in Deutschland erschienen sind, als Machwerke ab. Nicht zuletzt diese Auseinandersetzung bewog ihn, nicht nach Deutschland zurückzukehren, er besuchte erst 1949 anlässlich der Feierlichkeiten zum 200. Geburtstag Goethes sein Heimatland und hielt Festvorträge in Weimar und Frankfurt. Im selben Jahr beging sein Sohn Klaus Selbstmord, es war nach den Selbstmorden seiner Schwestern Clara (1910) und Julia (1927) eine weitere Familientragödie. 1950 starb sein Bruder Heinrich im kalifornischen Exil, zwei Jahre später siedelte Thomas Mann in die Schweiz über. Dort entstand die endgültige Fassung seines Schelmenromans „Bekenntnisse des Hochstaplers Felix Krull" (1954). Ein Jahr später, am 12. August 1955, stirbt der Autor im Kantonsspital Zürich.

Erzählperspektiven

Der Autor eines Textes wird vom sogenannten „Erzähler“ des Textes unterschieden. Als fiktive Gestalt ist der Erzähler nur ganz selten mit dem Autor identisch. Die Erzählperspektive ist der Blickwinkel, mit dem „Autor als Erzähler“ die Ereignisse der Handlung wiedergibt und bewertet, sodass man neben dem Begriff der Erzählperspektive auch den des **Erzählverhaltens** verwenden kann. Die Erzählperspektive kann auch als Standpunkt verstanden werden, von dem aus die Geschichte erzählt wird. Sie ist dann in etwa mit einer Kamera vergleichbar, die zum Beispiel eine Person von unten filmt (Untersicht) oder von oben (Obersicht) und damit für ein und dieselbe Figur eine ganz unterschiedliche Wirkung erzielt. Es lassen sich zwei Grundformen der Erzählperspektive unterscheiden: die auktoriale und die personale Erzählperspektive. Wird das Geschehen von einem Standpunkt außerhalb der Romanfiguren organisiert, spricht man von auktorialer Erzählperspektive. Diese ist u. a. durch das wertende Auftreten des Autors als Erzähler im Text, durch Anrede des Lesers und Vorausdeutungen gekennzeichnet. Auktoriales Erzählen ist **allwissendes Erzählen**. Wird dagegen das Geschehen allein aus dem Blickwinkel einer oder mehrerer Romanfiguren organisiert, handelt es sich um eine personale Erzählperspektive. Der Autor als Erzähler tritt nicht in Erscheinung. Personales Erzählen ist **perspektivisch begrenztes Erzählen**. Eine vermittelnde Instanz fehlt, sodass der Eindruck von Unmittelbarkeit entsteht. Das personale Erzählen tritt selten in reiner Form auf, ein bekanntes Beispiel ist die Kurzgeschichte „Das Fenstertheater“ von Ilse Aichinger. – Besonders in modernen Texten findet sich als weitere Variante der Erzählperspektive eine Erzählweise, die wie ein Beobachterbericht wirkt und als **neutrales Erzählverhalten** charakterisiert werden kann. Die beiden Grundformen der Erzählperspektive lassen sich so zusammenfassen:

Erzählperspektive

auktorial	personal
Der Erzähler überblickt das gesamte Geschehen und vermittelt es von einem Standpunkt außerhalb der Geschichte.	Das Geschehen wird von einem Standpunkt innerhalb der Geschichte wiedergegeben.
Autor → Erzähler → erzählte Geschichte	Autor → Erzähler → erzählte Geschichte
Wirkung: Distanz	Wirkung: Unmittelbarkeit

Die Merkmale zur Unterscheidung von auktorialer und personaler Erzählweise lassen sich auch tabellarisch veranschaulichen:

auktorial

- Anrede des Lesers durch den Autor/Erzähler
- Offenlegen der Erzählerentscheidungen (z. B. über Auswahl und Raffungen)
- Eingriff des Autors/Erzählers in das Geschehen durch Verweis auf Zukünftiges, Kommentierung und Wertung
- Beisteuern eigener Gedanken, oft mit dem Appell an den Leser verbunden, selbst zu werten
- Es werden in der Regel Gedanken und Gefühle aller Personen geschildert.
- Es kann erzählt werden, was gleichzeitig an verschiedenen Orten passiert.

personal

- bewusst begrenzte Perspektive aus der Sicht einer oder mehrerer Personen
- Verzicht auf erläuternde Bemerkungen (kein Erzähler-Leser-Dialog)
- Gespräche werden fast ausschließlich in direkter Rede wiedergegeben.
- Bewusstseinsinhalte werden häufig durch inneren Monolog oder erlebte Reden vermittelt.

Aus: DeutschWissen, Training Mittlerer Schulabschluss 9/10, S. 13f.

Sachtexte verstehen

Die Verschriftlichung der Ergebnisse

Einleitung

- Textsorte (Kommentar, Rede, Bericht, Lexikonartikel …), Verfasser, Überschrift, Erscheinungsort und -jahr, Publikationsmedium
- Thema/Fragestellung/Problem/Sachbereich des Textes
- falls möglich: Kennzeichnung der Situation (z. B. eine politische Rede), der möglichen Adressaten, des Sprachstils

Einleitung oder Hauptteil

- Hinweise auf die Gliederung des Textes in Sinnabschnitte mit den entsprechenden Zeilenangaben („Der Text weist eine Zweiteilung auf, … lässt sich in vier Sinnabschnitten unterteilen")

Hauptteil

- Wiedergabe des Gedankengangs:
  - durch Absätze und entsprechend den Sinnabschnitten gegliedert
  - mit eigenen Worten, verständlich und möglichst wertungsfrei
  - unter Verwendung von Zitaten
  - mit Berücksichtigung der sprachlichen Gestaltung und der entsprechenden Wirkung („Auffällig ist in diesem Sinnabschnitt der betont sachliche Stil/die Häufung von rhetorischen Fragen/die Bildlichkeit/der stark umgangssprachliche Ton … Dadurch wird die Aussage …")

Beachte: Ein optimales Ergebnis für den Hauptteil erzielst du, wenn du jeweils die Funktion der Sinnabschnitte für das Textganze kennzeichnest („Dieser Sinnabschnitt dient vor allem dazu, in das Problem einzuführen/enthält eine Behauptung/führt ein Argument an/definiert/schränkt ein/erhebt einen Vorwurf/führt Gedanken weiter/fasst zusammen …").

Schluss

- die mögliche Aussageabsicht (Intention) mit Bezug auf das in der Einleitung formulierte Thema
- eventuell: Bewertung der Darstellungsweise und Argumentation („Besonders schlüssig scheint mir …, wenig einleuchtend ist die Begründung …, störend wirkt …")
- Vergleich mit anderen Ergebnissen oder Standpunkten, die möglicherweise auch aus dem Unterricht bekannt sind
- persönliche Stellungnahme zum behandelten Thema

„Bekenntnisse des Hochstaplers Felix Krull" – Entstehung und Bedeutung

Krull ist nach der Intention des Autors „eine Art von Künstlernatur". Er exemplifiziert Nietzsches Verdacht, dass der Künstler Schauspieler und Komödiant sei, dem illusionären Charakter von Welt und Leben ergeben. [...]

[...] 1875 sollte Krull geboren sein. Und damit war der autobiografische Charakter des Romans mit allem Nachdruck gefordert. Dieser konfiterische Impetus sollte dadurch noch verstärkt werden, dass Krull in der Ich-Form zu erzählen hatte.

[...]

Das gab den Ausschlag: In Krull wollte Thomas Mann nicht wieder einen jener selbstquälerischen Charaktere zeigen, die seine frühen Werke prägen: Jene Sebastians-Figuren à la Gustav von Aschenbach, Tonio Kröger, Thomas Buddenbrook. Krull sollte eine Felix-Natur werden, ein Glücks- und Märchenkind. Dass Krull Felix heißen sollte, stand schon von der ersten wesentlichen Notiz an fest: *„Der Hochstapler* lernt einen jungen Grafen kennen, der ein Liebesverhältnis hat und dem seine Familie, um ihn loszumachen, eine Reise um die Welt verordnet hat. [...] Felix macht ihm den Vorschlag, zu tauschen. Er empfängt das Geld, sie schreiben zusammen nach dem Bädeker die Briefe, und Felix reist als Graf und gibt die Briefe an den betreffenden Stationen auf, während der wirkliche Graf bei seinem Liebchen bleibt."

Felix ist ein Glückskind aus dem Märchen. Die Welt von Fortunati Wunschhütlein und Esel streck dich! überspielt immer wieder alles Psychologistisch-Verkrampfte. Wo Felix hinkommt, beglückt er mit seinem Zauber die Welt und lässt sich von ihr beglücken. Er ist ein Segenskind wie der Taugenichts eins gewesen ist. Seine Ausfahrt steht unter dem Zeichen der Venus, die mit lächelndem Munde die Blüten des Zufalls auf seinen Glücksweg streut. Wie viele sind schon vor ihm in die Welt gefahren: Odysseus, Don Quijote, Faust, die simpliziadischen Helden alle! Er ist kindlich-unverwüstlich wie sie. Wohin ihn Frau Fortuna auch lockt, immer weiß er sich die Menschen geneigt und die Dinge fügsam zu machen – oder sich ihnen zu entziehen. Erwähltheit ist da nicht nur simple Glückserfahrung, sie ist auch Glücksgestaltung.

Und so, halb träumerisch, halb hellbewusst, erlebt und veranstaltet er seine glückliche Fahrt.

Es ist eine *excelsior*-Geschichte, die da erzählt wird. Schon als schlummergewaltiges Kind – den Seinen gibt's der Herr im Schlaf – hat Felix davon geträumt, ein Prinz oder Kaiser zu sein, und schon damals hat er versucht, den Traum in die Wirklichkeit hinüberzunehmen. Im Rollentausch mit dem Grafen verwirklicht er also nur den kindlichen Traum. Im sozialen Aufstieg bewährt sich seine Glückskindschaft. Der Ring, den er schließlich aus gräflichen Händen erhält, besiegelt seine Erhöhung und seinen Glauben, Gott und Menschen angenehm zu sein.

Selbst im Gefängnis, das ihm vorausbestimmt war, hätte sein Zauber nicht gelitten, im Gegenteil: *„Die Erlebnisse im Zuchthaus* haben seinem Wesen einen *neuen Reiz* hinzugefügt, denn während früher nur seine Sehnsucht, seine Menschenliebe seiner Persönlichkeit Schmelz und Zauber gab, spricht nachher das furchtbare Erlebnis, das durchscheinende *Wissen um die Hölle*, bei seiner Wirkung mit und verleiht ihm eine gewisse, unbestimmte Würde, die seine Liebenswürdigkeit veredelt und vertieft." Nach der Flucht aus dem Gefängnis hätte er im richtigen Augenblick seinen Paten und Namensvetter beerbt und sich, ein müdes Weltenkind, zur Ruhe gesetzt. Er wäre ein Hans im Glück, ein „Vorzugskind des Himmels" geblieben. Seiner Gotteskindschaft kann ihn auch eine Höllenfahrt nicht berauben, er bleibt ein Erwählter, „aus feinerem Holz geschnitzt", und, sagt eine Notiz, er bleibt Kind: „Er bleibt immer ein Knabe, in allen Stücken, in seinem ganzen Verhältnis zur Welt, und ist schließlich ein müder Knabe."

Dem verführten Verführer erscheint die Welt als Zaubergarten und Schlaraffenland. Seine Bindung an die Welt ist Sehnsucht und flüchtiger Reiz. Er lebt nur in der Vor-Erregung und Erregung, und damit für den Augenblick, „für eine Frist, über die hinauszusorgen ich mich weigerte". Es fehlt die Erfahrung und damit das Verbindliche und Verpflichtende der Vergangenheit. Es fehlt die Sorge, die ja nur kennt, wer strebend sich bemüht oder wer umsichtig plant und versucht, seinen Charakter und seine Entwürfe gegen den Widerstand der Welt zu wahren und durchzusetzen. Dass der Augenblick verweilte, kann Krull nicht wünschen, denn hinter dem einen Augenblick warten viele andere, die neue Erregung, neue „Freude" versprechen. In absoluter Disponibilität steuert er von Reiz zu Reiz, von Coup zu Coup, dem Zuschauer der Welt verfallen, sie selbst bezaubernd, ein willig betrogener Betrüger, ein Schauspieler, der auch die Welt als Schauspiel nimmt.

Dies ist vielleicht seine abgründige Erfahrung: dass die Welt Schein ist, Blendwerk, Illusion. Krulls Märchendasein ist ein trügerisches Dasein in einer trügerischen Welt. Der illusionäre Charakter des Lebens, die Welt als „Blendwerk der Maja": Thomas Mann wird das auch in seinem Schopenhauer-Essay wieder drastisch herausstellen. Nie vermag menschliche Erkenntnis den Schleier der Maja zu durchstoßen, nie zur Anschauung der Wahrheit zu kommen. Krull bedarf aber (im Unterschied zu Schopenhauer) keiner „Mitleids- und Erlösungslehre, die aus dem illusionären Charakter des Lebens, dem Blendwerk des principii individuationis abgeleitet wird"; er akzeptiert den Blendwerkscharakter der Welt und macht sich seinerseits zur Illusion. Er ist Opfer und Sieger zugleich, er wird gefoppt und foppt auch sie. Mit großer Betroffenheit kommentiert Thomas Mann in einer Notiz eine Stelle aus den Hochstapler-Memoiren Manolescus:

„,Die Welt schreit von Ewigkeit danach, betrogen zu werden' – sehr gut. Aber auch seine Sehnsucht nach der Welt ist das Werk eines Betruges vonseiten der Welt, das *Blendwerk* des Schleiers der Maja. (Früher Besuch im Varieté, Operette? Weinen). Es ist ein erotisches Betrugsverhältnis auf Gegenseitigkeit. Er hat von der Welt das Blenden gelernt und macht sich zum Ideal, zum Lebensreiz, zur Verführung ihr gegenüber – worauf sie gründlich hineinfällt. ‚Alle fliegen wie die Mücken ins Licht'. Die Welt, diese geile und dumme Metze will geblendet sein – und das ist eine göttliche Einrichtung, denn das Leben selbst beruht auf Betrug und Täuschung, es würde versiegen ohne die *Illusion*. Beruf der Kunst."

Das Kunstwerk als illusionistischer Schein, der Künstler als Illusionist, als Zauberer – als Hochstapler. Das Thema hat Thomas Mann während seines ganzen Lebens beschäftigt und geplagt. Noch im ‚Versuch über Schiller' kommt es bei der Betrachtung des ‚Demetrius'-Fragments zu einem Ausbruch unbewältigten Leidens: „Erwägt man, was für einen Künstler, einen Dichter, der Glaube an sich selbst, seine Echtheit und Reinheit, seinen Adel, seine Menschheitssendung bedeutet, so hat die Intensität etwas Furchtbares, mit der ein solcher auf dem Gipfel seines Erfolgs, da alles ihm nach Wunsch gegangen, alles an ihn glaubt und sich für ihn begeistert, den Gedanken der Falschheit durchlebt und durchwühlt, den Gedanken der *Täuschung* und des *Blendwerks*, mit deren Geheimnis eine Seele, geschieden auf ewig von der Wahrheit, alleine leben und vorwärtsgehen muss, um nicht durch Selbstentlarvung das Volk aus seinem Irrtum, seinem begeisterten Glauben zu reißen und es damit ins Unglück zu stürzen."

Krull, von Erkenntnisskrupeln weniger geplagt als sein Autor, empfindet zwar „das Illusionäre von Welt und Leben", macht sich aber selber zur Illusion. Er spielt das Spiel mit – und spielt seine Rollen mit einer artistischen Vollkommenheit, die nicht den geringsten Zweifel an der Echtheit des Vorgestellten aufkommen lässt. Vorstellen, repräsentieren: scheinen, was man nicht ist, das wird zu seinem Beruf. Seine Beobachtungsgabe, sein genaues Studium der Rollen, beides gepaart mit einem großen mimischen Talent, helfen ihm, den Schein als Wirklichkeit auszugeben. Er wird zur „formalen Existenz".

Genau an diesem Punkte entsteht auch die Bedrohung seines Daseins: Wer ist er denn, dass er alle Rollen spielen kann? Dass es ihn nach immer neuen Kostümen verlangt? Dass er, erotisch gezogen, sich nicht nur in immer neue Umgebungen locken lässt, sondern in unablässigen Verwandlungs- und Verwechslungsspielen auch sich selbst als etwas immer Neues erlebt? Gibt es dieses Selbst denn überhaupt? Wer überall zu Hause ist, ist nirgends zu Hause. Wer alle Rollen spielt, ist niemand. Anlässlich seines Rollentausches mit dem Marquis spricht Krull einmal von einer bestimmten „Ausgeblasenheit" seines Innern, von einer Gedächtnis- und Identitätsschwäche, die ihn von seinen Erinnerungen (und damit von Geschichte und Werden überhaupt) befreit. Aber er wischt den flüchtig aufkommenden Gedanken leichtherzig beiseite. Krull ist glücklich, weil er nicht belastet werden *will*. Sein Glück ist ein gestaltetes Glück, und es ist schwer zu sagen, wo das Glückhafte seiner Existenz in den „Willen zum Glück" übergeht. Das „zart Schwebende" seiner Existenz hängt gerade mit dem Offenlassen solcher Fragen zusammen. Erkauft er sich die Freiheit zu allen Möglichkeiten mit dem Verlust oder wenigstens der Schwächung der eigenen Identität? Er lässt die Antwort auf sich beruhen, und der Leser tut gut daran, ein Gleiches zu tun.

II

In der langen Zwischenzeit (1913–1951) führt Krull ein unterirdisches Dasein, ist aber in allen Werken immer wieder präsent. Er ist es auch in den Bemühungen seines Autors, die Aufforderung des Silesius ernst zu nehmen: Mensch werde wesentlich! Thomas Mann versucht wegzukommen vom bloß Formalen der Künstler-Existenz: weg vom Ästhetizismus zur Gesellschaftspolitik; weg von Nietzschescher Artistik zu Goethescher Lebenskunst; weg von der Entlarvungspsychologie zum umfassenden Verständnis des Menschen; weg von der illusionären Existenz zur Verwurzelung in Geschichte und Mythos. Dahinter stecken das Problem und das Programm seines ganzen späteren Lebens.

Der junge Thomas Mann stand als „Unpolitischer" im Banne der deutsch-romantischen und auch der klassischen Tradition. Der Künstler hatte allein seinem „wirklichkeitsreinen" Traum zu leben. Dieser Traum war nicht nur Wirklichkeitsersatz, er war auch das Maß aller Dinge: er allein sicherte dem Geist die absolute Freiheit. Politik bedeutet demgegenüber schon fast so viel wie Verrat am Geist. Wie viele Künstler der Jahrhundertwende blickte Thomas Mann mit Verachtung auf alle so leicht zu durchschauenden Macht- und Interessenkämpfe hinab. Er behauptete die Überlegenheit des Geistes dadurch, dass er das „Leben“ radikal ironisierte. Dieser Ästhetizismus war verbunden mit dem „Pathos der Distanz“. Er war einerseits Evasion in die Sphären des Schlackenlos-Wunderbaren, andererseits führte er zu einer abwehrend-aggressiven Haltung. Leier und Pfeil, die Attribute des Apoll, entsprechen solcher Evasion und Aggression genau.

In der Schule Schopenhauers und Nietzsches hatte Thomas Mann es sich angewöhnt, die Welt rein phänomenal zu nehmen. Nur wer sich von ihr löste, sich über sie stellte, konnte sie in ihrer Widersprüchlichkeit, in ihrer Frechheit und Dummheit überleben. Wer die Welt phänomenal nimmt, folgt einer nihilistischen Tendenz. In einem frühen Brief an Heinrich zitiert Thomas Mann die Platen-Verse.

> Dem frühen Tage folgt ein trüber,
> *und Alles hebt zuletzt sich auf.*

„Dieses allgemeine Sichaufheben“, fügt er bei, „ist ein durchdringender melancholischer aber auch radikal tröstlicher Gedanke. Die Welt ist gleich Null – – –.“

Die Welt, die so verabschiedet war, konnte in nur jahrzehntelanger Arbeit wieder erschlossen werden. Es galt, wie Hofmannsthal es schon gesagt hatte, „das Soziale“ zu gewinnen. Auch Thomas Mann suchte es zuerst in Haus, Ehe und Kind. Später suchte er es auch in der Gesellschaft allgemein. Hatte er nicht bereits in der ‚Königlichen Hoheit‘ zeigen wollen, wie ein „kleiner und einsamer Ästhet zum Volkswirt und zu ‚tatkräftiger‘ Menschlichkeit“ erzogen wurde? Dieser pädagogische Akt wird in den Werken der folgenden Jahrzehnte mehrmals wiederholt, im ‚Zauberberg‘ zunächst noch ohne sichtbaren Erfolg, mit märchenhaftem Triumph aber im ‚Joseph‘ und im ‚Erwählten‘. Mit Joseph wird ein einsamer Narziss zum „großen Ernährer“, mit Grigorß eine sündige Einzelexistenz zum „sehr großen Papst“. Aber war das deswegen schon Bekenntnis zum Sozialen, zur Demokratie? Bleiben nicht vielmehr Thomas Manns Helden auserwählte Einzelne, auch und gerade dort, wo sie von Freiheit aller und allenfalls von Gleichheit reden?

Thomas Manns Rede ‚Von Deutscher Republik‘ (1922) wurde aufgenommen als Selbstüberwindung und Bekehrung eines Aristokraten, der sich nun zur Republik durchgefunden hatte. Man übersah, dass er Hauptmann, dem die Rede gewidmet war, zum „König“ der Republik ausrief. Man übersah, dass er seinen Freiheitsbegriff ausgerechnet von Novalis herholte. Man übersah, dass sein Demokratieverständnis mit dem damals laut geforderten aufklärerischen kaum etwas gemein hatte. Man stempelte ihn kurzerhand zum Demokraten. Es ist das eine der interessantesten rezeptionsgeschichtlichen Vereinnahmungen. Man machte den Autor zu dem, was er nach dem Willen der Vielen sein sollte. Aber durfte so rasch umgedeutet werden, wer eben noch die ‚Betrachtungen eines Unpolitischen‘ geschrieben hatte?

Thomas Manns späteres politisches Wirken war von der Abwehr diktiert: Abwehr der nationalsozialistischen Gefahr in den Reden zwischen 1928–1933 – er hat damals weitsichtig das Zusammengehen von Bürgertum und Sozialdemokratie gefordert. Abwehr der nationalsozialistischen Greuelpräsenz während der Kriegsjahre. Abwehr des McCarthyismus in den Vereinigten Staaten. Ziel solcher Abwehr war die Sicherung freien Spielraums in der Gesellschaft, die Sicherung aber auch eines bestimmten Gleichgewichts: „Ich lehne mich instinktiv nach links, wenn der Kahn rechts zu kentern droht – und umgekehrt“, hat er am 20.2.1934 an Karl Kerényi geschrieben. Politik also als Gebärde der Abwehr und des Ausgleichs. Das eine ist Psychologie, das andere moralische Utopie, aber auch narzisstischer Wunsch nach Ordnung und Gleichmaß, nach Wiederherstellung.

Der Gesundungsprozess, den Thomas Mann um 1905 zunächst im persönlichen Leben einleitete, stand nicht zuletzt im Zeichen Goethes. Er versuchte sich dabei vom „Dreigestirn“ seiner Jugend, Nietzsche, Schopenhauer, Wagner, zu lösen. Ästhetizistische Isolation sollte durch Vertrauen zum Leben, Todeskult durch Lebensfreundlichkeit, Protestantismus durch Griechentum, Kritik durch Naivität, Analyse durch Plastik abgelöst werden. Die Ablösung gelang nicht, aber wenigstens die Ergänzung. Thomas Mann hat es verstanden, die genannten Gegensätze für sich und sein Werk fruchtbar zu machen.

Goethe, zuerst als der Größere, der Nationaldichter angebetet und gehasst, wird schließlich, nach Überwindung ödipaler Mordgelüste, zum „Vor-Bild in einem [...] letzten Sinne“, zu einem Vaterbild, dem vertrauensvoll nachgefolgt werden konnte. Ihren Höhepunkt findet diese vertrauend-vertrauliche Annäherung im Goethe-Roman von 1939. Da wird die „unio mystica mit dem Vater“ gefeiert, die in jahrzehntelanger Nachfolge angestrebte Identifikation war Lebensspiel und Lebensernst. Sie hat Thomas Manns ganzem Schaffen eine Richtung gegeben.

Wenn Krull Goethes Sprache imitiert, mag das anfänglich noch bloße Nachäffung sein – Thomas Mann gibt ihm verschmitzterweise ja auch die kurzen Beine des Geistesfürsten von Weimar. Dieses Äffische kann sich aber, das zeigt Thomas Manns eigener Lebensweg, ins hochgeistige Spiel der Nachfolge erheben. Klarheit über die tiefenpsychologische Implikation solchen In-Spuren-Gehens hat Thomas Mann wohl erst anlässlich seiner Freud-Lektüre von 1925/26 erlangt. Freud führte ihn aber noch zu anderen wichtigen Erkenntnissen. Es mag Thomas Mann wie Schuppen von den Augen fallen sein, als er den Aufsatz ‚Zur Einführung des Narzissmus‘ las. War nicht gerade Krull ein ausgeprägter Narziss – waren nicht *alle* seine Helden dem narzisstischen Typus zuzurechnen, sie mochten nun dem Typus des Glückskindes zugehören oder den scheiternden Einsamen? Und was Thomas Mann um 1910 aufgrund von Selbstbeobachtung aus sich herausgeholt hatte, das las er jetzt in Freuds Essay über den Narzissmus. Krulls kindliche Selbstverliebtheit, seine Selbstgefälligkeit, sein Verlangen nach Geliebtwerden, nach „Glück"; ein Wunsch aber auch, die Welt zu bezaubern und zu beglücken, sie in seinen Bann zu schlagen mit seiner Schönheit und seiner Eloquenz – alles das waren narzisstische Züge. Krulls Einsamkeitpathos aber auch, seine Einbildung, sein Pochen auf Exzeptionalität: seine Unfähigkeit, einen anderen zu lieben als sich selbst; der Zwang, im andern immer nur sich selbst zu lieben. Das homoerotische und inzestuöse Verhältnis: die Liebe zu seinesgleichen als einzige Möglichkeit des zur Objektliebe nicht Befähigten. Krull als Spiegel von Thomas Manns Glücks- und Größenfantasien: So wie Joseph der „große Ernährer" wurde und Gregorius der „sehr große Papst", so hätte nach den späteren Intentionen auch Krull vermittelnd und versöhnend in die Weltpolitik eingreifen sollen.

Den Felix- und *excelsior*-Figuren aber standen die scheiternden gegenüber, Ausfluss der Ohnmachtsfantasie, die nach Freuds Beschreibung zum Narziss gehört wie seine Größenträume: jene in tödliche Verzweiflung abstürzenden Tonio-, Aschenbach- und Leverkühn-Figuren, die wenigstens im Scheitern bewundernswert sein wollten und exzeptionell. Das Pathogene dieser Infausten, ihre ungemeine Dünnhäutigkeit und Verletzlichkeit – hatte Thomas Mann nicht auch diese Möglichkeit des Scheiterns immer wieder durchlitten und im Werk aus sich selbst herausgearbeitet, um sich schreibend von seinem Leidensdruck befreien zu können?

Thomas Mann hat mithilfe des Narzissmus-Modells auch sein eigenes Künstlertum besser verstanden. Mithilfe der Sprache verschiebt der narzisstische Künstler den Narzissmus von der eigenen Person auf das Werk. „Der Wunsch, schön und mächtig zu sein", wird umgewandelt in den „Wunsch, dem Werke Schönheit und Macht über die Gemüter der Menschen zu verleihen" (Hanns Sachs). Dichten wird zum magischen Akt, Dichtung zum Zauberwerk. Als Prospero versucht der Dichter, seinen Traum in die Wirklichkeit zu tragen und sie umzubilden. Als Magier und Zauberer möchte er die widerspenstige Realität nach seinem Sinne formen.

Noch eine andere Entdeckung der Zwischenjahre wird dem späten ‚Krull' zugute kommen: 1941 liest Thomas Mann Kerényis Aufsatz über Hermes, das göttliche Kind. Und wieder fiel es ihm wie Schuppen von den Augen: Das bin ja ich – „Ich bin es!" konnte er sagen. Zwar war Hermes in seinen Büchern wiederholt aufgetreten, im ‚Zauberberg', im ‚Tod in Venedig'. Aber erst jetzt erkannte er die volle Bedeutung des Mythologems. Dieser Gott war ein kindlicher Gott, verschmitzt, agil, mit Flügelschuhen und Reisehut von einem zum andern eilend, die Völker verbindend, Götter mit Menschen, aber auch Lebende mit Toten, eine Gottheit der Träume. „Herr des Schlafes", ein Ordner und Geleiter, „rückwärts lächelnd mit aufgehobenem Stabe", ein „milder Zauberer gar in aller Schläue".

Thomas Mann erkannte in Hermes sich selbst und nahm die Entdeckung gleich in den ‚Joseph' hinüber, ins Gespräch in der Kretischen Laube. Hermes war der Gott des flüchtigen Eros, des Reisehungers. Mit erotischem Spürsinn begabt, magnetisch von einem zum andern gezogen, eine „schwebende Existenz". Er war der Gott der Beziehungen, eins ins andere knüpfend, halb träumerisch, halb wach. Er war der Gott der Rede, der aus der Assoziationen Flucht des Liedes „Riesenteppich" flicht. Er war auch der Gott der Illusion, der mit seiner Rede Welten erfinden konnte – zwar wusste er, dass es Scheinwelten waren, aber konnte der Schein nicht auf die Realität zurückwirken und sie nach seinem Ziel modeln?

Kurz, Thomas Mann entdeckte in Hermes den Gott seiner Kunst. Am meisten aber berührte ihn, dass dieser Gott keine geschlossene „Persönlichkeit", kein fester „Charakter" war, sondern immens verwandlungsfähig, ein Proteus, der in alle Rollen zu schlüpfen, der alle Sprachen zu sprechen wusste. Hermes war eins und vieles: Er war der Gestalt gewordene Mangel an Einheit der Person. All das scheinbar Disparate und Heterogene, das Thomas Mann in sich entdeckte, bekam da einen Namen. Eine Kindheitserinnerung legitimierte die innere Verwandtschaft: Schon in seinen Kinderspielen war Thomas Mann als Hermes durch die Zimmer gehüpft […]

III

So wird, bevor Thomas Mann an den ‚Bekenntnissen' nur erst wieder zu schreiben beginnt, Krull wie Joseph in einen Hermes verwandelt.

Die Anlagen waren gegeben. Krull war wie Hermes ein Kind – und blieb ein Kind. Er war ein Träumer, auch ihm gab es der Herr im Schlaf. Er träumte von schönen Frauen, von der Befriedigung seines unablässigen erotischen Hungers. Er träumte von schauspielerischen Verwandlungen, hinter denen ja auch Eros steckt. Er träumte von Reisen: *novarum rerum cupidus* wollte auch er die Welt erfahren, besser noch: umschweben. Er träumte wie ein Märchenkind von geheimen Schatzkammern, Zauberlampen und *féeries*. Lieben, Reisen und Stehlen waren für ihn auf geheimnisvolle Weise identische Erfahrungen, waren „Liebes- und Diebeshändel". Krulls „große Freude", die Lusterfahrung an der Ammenbrust und bei der Begegnung mit schönen Frauen, steigerte sich schließlich zum „Panerotismus", zur „Allsympathie". Nicht nur ihm widerfährt die Liebe aller Welt: die ganze Welt war von Liebe erfüllt, sich selber genug, in unendlichen Ketten von Reizen erglühend.

Sich selbst genug sein: Krulls Selbstporträt weist eine ganze Reihe hermaphroditischer Züge auf. Das „Übergängliche" von Stimme und Haarfarbe, die „außerordentlich zarte Beschaffenheit" seiner Haut führt dazu, dass er von früh an nicht nur die Gunst der Frauen, sondern auch die der Männer erfährt. Er ist also vielseitig und elastisch auch im Geschlechtlichen. So fühlt er sich von Bruder und Schwester gleichzeitig angesprochen, zieht aber auch die Sympathie der amerikanischen Miss und des englischen Lords gleichzeitig auf sich.

Aus allen diesen Elementen hat nun Thomas Mann, als er sich den Stoff 1951 endlich wieder vornahm, so etwas wie die „Carrière eines Gottes" entwickelt. Mit Krulls Ausfahrt nach Paris, dem ersten vollständig neuen Kapitel der zweiten Schaffensperiode, beginnt jene mythische „Einkleidungs- und Erhöhungsgeschichte", die es nur oberflächlich noch mit sozialem Aufstieg und Gesellschaftskritik zu tun hat, im Grunde aber schon von Initiation und Erwählung handelt, wie Joseph und Grigorß sie erfahren hatten.

Krulls Weg führt mit exemplarischer Deutlichkeit *per aspera ad astra* – so hat es sich für die heldische Götterlaufbahn seit je geziemt. Seiner Hermes-Rolle keineswegs bewusst, kommt er in Paris an und steht in Knechtsgestalt zuerst vor Stürzli, einem verschweizerten Luzifer, der nicht einmal seinen Namen weiß: Krull ist da wie Kroll. Felix ist namenlos geworden, wie einst Joseph es war: „Der heißt nicht [...]. Man nennt ihn Heda und Du." Von Krulls hermetischer Redegewandtheit immerhin beeindruckt und von seiner hermaphroditischen Schönheit bezaubert, gewährt ihm der Direktor eine erste Aufstiegsmöglichkeit und tauft ihn, da ihm der Name Felix zu viel „Privates und Anspruchsvolles" enthält, kurzerhand auf den Namen Armand – so haben die Liftboys in diesem Hotel schon immer geheißen. (Krull wird dadurch mit allen jenen Figuren auf eine Stufe gestellt, die im Typus aufgehen: So haben Eliezers Vorfahren alle Eliezer geheißen, Goethes Diener immer Carl, alle waren sie immer mit ihrem mythischen Typus identisch und haben somit kein Recht auf einen eigenen Namen.)

Seiner Hermes-Rolle weiterhin nicht bewusst, nimmt Krull, das Gotteskind, die Bewährungsproben auf sich, die ihm wie jedem Gotteskind beschieden sind. Er dient als Liftboy, er dient als Kellner. Mit der Rücksichtslosigkeit des Rollenträgers verleumdet er kurzerhand seine Kollegen vom Lift, steigt „über die Leiche" des Oberkellners Hector in die nächste höhere Position. Der Ort, an dem Krull seinen ersten Coup ausführte, weist nur schon dem Namen nach auf die Befreiung aus dem sozial und menschlich Niedrigen hin: der Hehler wohnt in der Rue de l'Echelle au Ciel. (Es gibt in Paris in der Nähe von Krulls Hotel an der Rue Saint-Honoré tatsächlich eine Rue de l'Echelle.) Die Himmelsleiter führt ihn sogleich auf die Terrasse des Hôtel des Ambassadeurs, wo er, als Dandy dinierend, die ihm sozial gesteckte Grenze trügerisch überspielt.

[...]

Seit seinen Kinderträumen weiß Krull, dass es mit ihm nach oben will. Seit da ist er, bewusst-unbewusst, der „Theaterdirektor seiner Träume". Der Ausdruck steht in Schopenhauers ‚Transcendenter Spekulation und die anscheinende Sittlichkeit im Schicksale des Einzelnen' – Thomas Mann zitiert ihn in seinem Schopenhauer-Essay. Es ist die Einsicht, dass das Wollen unverbrüchlich mit dem Sein verbunden ist, dass Charakter und Schicksal im Grunde ein und dasselbe sind: „Was Jeder im Innersten *will*", schreibt Schopenhauer, „das muss er *seyn*; und was Jeder ist, das *will* er eben." In diesem transzendenten Fatalismus fallen Tun und Geschehen als „Veranstaltung der Seele" zusammen. Im Unterschied zu Joseph spielt Krull seine Hermes-Rolle nicht bewusst, aber er träumt sie, er trägt den Traum in die Wirklichkeit, *macht* ihn real. Wo er auch hinkommt, bezaubert und verzaubert er die widerspenstige Welt und *macht* sie sich gefügig.

Seine Begegnung mit Mme Houpflé, dem jungen Grafen de Venosta und König Dom Carlos sind alle in ein traumhaftes Licht getaucht – Krull scheint mit Aladdins Zauberlampe ausgestattet zu sein. Und zusehends werden sie ins Mythische erweitert und erhalten so den Schimmer von Menschheitsträumen. Mme Houpflé mit ihren Goldaugen ist, wie ihr Vorname es sagt, auch Diana. Im Rollentausch vollzieht sich eine Einkleidungs- und Erhöhungsgeschichte, die von literarisch-mythischen Reminiszenzen förmlich durchwittert ist: Goethes ‚Faust', der Verwechslungszauber des ‚Rings des Nibelungen', Kleists ‚Amphitryon' klingen gleichzeitig an, und vor Dom Carlos spielt Krull seine Hermes/Adonis-Rolle in Bild und Wort mit so großem Charme, dass er den König vorübergehend aus seiner einsam-formalen Existenz befreit und ihn zum Lachen bringt.

Krulls Begegnung mit Kuckuck sodann kommt einer Begegnung mit dem Göttervater gleich, seine Aufnahme in der Kuckuck-Familie bedeutet die Aufnahme in die olympische Familie und führt beinahe zu einer Wiederholung des Koreraubes, statt dessen aber, in der überraschenden Schlusswendung, zum *hieros gamos*, zum heiligen Spiel, mit der göttlichen Mutter. Kuckuck und die Seinen gehören ganz dem Spätwerk an. Sie sind in der frühen Schaffenspause noch nicht geplant. Sie mussten nicht erst ins Mythische travestiert werden, sondern sind von Anfang an als Träger mythischer Rollen gedacht. Auf olympischen Höhen über der Stadt Lissabon wohnend, repräsentieren sie die Götterfamilie, von der Kerényi 1950 in ‚Zeus und Hera' und in der ‚Entstehung der olympischen Götterfamilie' berichtet hat. Es reizte Thomas Mann offenbar, den Verkehr mit der „hohen, etwas lockeren Familie" (9.3.1951 an Kerényi) wieder aufzunehmen.

Professor Kuckuck – es soll hier von den mythologischen Versteckspielen gesprochen werden – ist Zeus/Hades gleichzusetzen, seine Frau zeigt Hera/Demeter-Aspekte, ihre Tochter, immer mit ihr zusammen auftretend, übernimmt die Kore-Rolle.

Dass es mit Kuckuck eine außerordentliche Bewandtnis hat, spürt Krull gleich bei der ersten Begegnung im Zug. Mit „Sternenaugen" blickt der Alte auf den neuen Gast, seine Worte erregen in Krull „ein Gefühl bedeutsamer Weitläufigkeit", hat doch „seine Redeweise nebst dem sie begleitenden Mienenspiel viel von der Art, in der man zu einem Kinde, allerdings einem sehr feinen, spricht". Der Name Hermes fällt auch hier, und was Krull nicht zu wissen scheint (und auch nicht zu wissen braucht), ahnt der Leser bald genug: Was sich hier abspielt, ist ein Gespräch zwischen Vater und Sohn, zwischen Gott und Gotteskind, zwischen Zeus/Hades, der alle Welt überblickt, und seinem Sohn Hermes, der sich auf kosmische Entdeckungsreise führen lässt. Als Herr des Himmels, mit zeushafter Gebärde, begleitet Kuckuck den staunenden Reisegefährten bis in die Milchstraße hinauf; als Schattenzeus nimmt er ihn auf eine Hadesfahrt, die in die Abgründigkeit der Zeitlosigkeit zurückführt, ins Vor- und Urmenschliche, in das Dunkel des Ursprungs.

Die Senhora und ihre Tochter verschmelzen zu einem Doppelbild wie Demeter und Persephone. Sie haben Züge von Hera und Hekate auch, von Aphrodite und Artemis. Beide zusammen ergeben die jungfräuliche Mutter, Dona Maria Pia, die „Mutter Gottes, die zugleich Gottes Geliebte ist" (19.3.1940 an Kuno Fiedler). Vom „Bild der Virgo-Mater, die Gottesmutter und Madonna" hatte Thomas Mann schon bei Alfred Jeremias gelesen, dessen Werk ‚Das alte Testament im Lichte des Alten Orients' zusammen mit Bachofens ‚Urreligion und antike Symbole' und Freuds ‚Totem und Tabu' zu Hauptquellen des ‚Joseph' gehört. Allvater und Urmutter treten in vielen alten Religionen zusammen auf, vereinen sich oft sogar zur selben Figur. Mit ihnen sind letztlich auch alle Figuren des ‚Joseph'- und des späten ‚Krull'-Romans identisch. In unabsehbaren Verkleidungs- und Verwechslungsszenen lassen sie sich gegeneinanderstellen und ineinander überführen, wobei auch die Grenze zwischen den Geschlechtern ständig überspielt wird.

Der späte ‚Krull' ist als humoristisches Götterspiel, als parodistisches Pantheon gedacht. Dadurch, dass alle Figuren teils real, teils als Verkörperungen eines Mythos zu nehmen sind, wird jenes Spiel zwischen den Sphären möglich, das den spezifisch Mann'schen Humor zeitigt: Er stellt die Diskrepanz zwischen dem Götterbild und seiner unzulänglichen Repräsentation heraus, zeigt, wie auch im Unzulänglichen die Anlage und der Wille zum Vollendeten steckt, und leitet versöhnlich alle Hochstapelei ab aus Anlehnungsbedürfnis und Lust zum Spiel.

Aus dem komisch-kriminellen Hochstapler von einst ist also ein göttlicher Schelm geworden. Krull steht nicht mehr in der Nachfolge des die Welt düpierenden Hochstaplers Georges Manolescu, der um 1900, als Graf oder Prinz verkleidet, durch ganz Europa reiste und die *haute-volée* als Hoteldieb und Heiratsschwindler betrog. Krull ist während der Jahre seines Verschwindens, in der ‚Joseph'-Zeit, zum „mythischen Hochstapler" geworden, zu einem, der sich in die Nachfolge eines Gottes stellt und aus diesem verträumten Identifikationsspiel Lust und Kraft zu Höherem gewinnt.

Ähnlich hatte Thomas Mann seinem Helden 1910 die stilistische Mimikry Goethes empfohlen. Wenn er Krull in die Nachfolge Goethes stellte, war das ein verschmitzter Versuch, sich an den Stil der Goetheschen Sphäre allgemein anzunähern – und dabei ging es viel weniger um Krull, der wohl kaum je Goethe gelesen hatte, als um Thomas Mann selbst, der die Möglichkeit und Unmöglichkeit Goethescher Autobiografie und Goethe'schen Lebensstils in der Sprache vergegenwärtigen wollte. Es ist, was Thomas Mann betrifft, das Programm eines Lebens geworden: die *imitatio* Goethes hat Thomas Manns Schaffen geführt und gefördert.

Der späte ‚Krull' steht nicht mehr so eindeutig in der Nachahmung Goethes wie der frühe. Das Weltfahrt-Motiv schließt zwar an den zweiten ‚Faust' an. Leitfigur aber ist jetzt Hermes geworden, der kindliche Gott, der Gott des Glücks, des Zaubers und der lächelnden Versöhnung. Das Glückskind, als das Krull von Anfang an erscheint, ist damit zum Götterkind geworden, aus der märchenhaften Glückshaut eine von mythischem Licht umgebene Gestalt.

Diese Gestalt nun hätte die Welt nicht einfach mehr als liebenswürdiger Schelm und Betrüger entzücken sollen. Thomas Mann hat ganz zuletzt geplant, Krull nach dem Muster der Stavisky und Kreuger in die hohe Politik einsteigen zu lassen. Sicher hätte er in Amerika den Präsidenten und, nach der Reise „rundherum", den Papst besucht – das wären auch für Thomas Mann autobiografische Reminiszenzen gewesen. Mit wem er auch immer zusammentraf, er hätte bei den Repräsentanten der Macht auf Frieden und Versöhnung hingewirkt, er wäre nicht, wie Joseph, zum „großen Ernährer", aber wohl zum großen Versöhner geworden. Das war es, was Thomas Mann von seinem eigenen Werk sich ja in der Spätzeit auch immer ersehnte: dass es das Chaos der Geschichte umzuwandeln vermöge in den geordneten Traum.

Es ist zu einer Weiterführung nicht mehr gekommen. Von Müdigkeit überwältigt, aufs Neue erschöpft von Krulls traumhaften Eskapaden, hat Thomas Mann das bis 1954 Entstandene herausgegeben als der „Memoiren erster Teil". Das war wohl richtig so. Eigentlich „Neues" hätte Krull nicht mehr erfahren können – und hätte er die ganze Welt umfahren. Der Roman war längst zum *tema con variazioni* geworden. Mit dem verschmitzt angedeuteten Schein-Schluss sicherte sich Thomas Mann gleichzeitig den Anschluss an den Typus des Abenteuerromans. Er hatte den ‚Krull' bei der Fortsetzung der Arbeit ja in die Nachfolge des ‚Simplicissimus' gestellt – wörtliche Anspielungen kommen genug vor. Auch motivisch und formal war sein Bekenntnisroman ohne weiteres an den Abenteuerroman anzuschließen; die Unverwüstlichkeit des Charakters, die Episodenstruktur, die Ich-Form waren gegeben. Gelegen kam Thomas Mann aber jetzt auch die bei Grimmelshausen vorgegebene Möglichkeit, einen Roman einfach abzubrechen und bei Gelegenheit wieder fortzusetzen. Der Abenteuerroman ist nach Gattungsart fragmentarisch, er ist „gar nicht auf ein Je-damit-Fertigwerden angelegt", man kann weiterschreiben oder abbrechen, der *ad-infinitum*-Charakter der Gattung erlaubt beides.

Genau dieses *ad infinitum* ist aber ein Grundgesetz von Thomas Manns Schaffen. Sein Werk ist auf das Universelle hin angelegt. In jedem Roman kommt es zu Weltenfahrten, zu Fahrten in den Hades der Zeit, in die Weiten des Himmels. Krull wird mit seinem Weltenhunger also zum Nachfolger der Castorp, Joseph, Goethe und Leverkühn, die alle in immer neue szientifische und metaszientifische Bereiche vorstoßen: Castorp mit seinen medizinischen und okkultistischen Forschungen; Joseph als katabatischer Abenteurer und hermetischer Vermittler zwischen den solaren und chthonischen Mächten; Goethe mit seinen thaletischen Träumen und seiner Lichterfahrung; Leverkühn mit seiner Tiefsee- und seiner Himmelsfahrt, seiner „Symphonia cosmologica". Hinter all diesen Werken steht Thomas Manns „Bedürfnis nach dem Universellen", sein Drang nach der Verwortung der Welt. Er weiß natürlich, dass die Nachschöpfung der Welt im universellen Sprachwerk nicht nachvollzogen werden kann, selbst wenn man bereit wäre, Benennen mit Verwirklichen gleichzusetzen. Allmacht im Wort ist nur möglich als Traum.

Aber diesen Traum hat Thomas Mann immer wieder geträumt. Was dabei entwickelt wird, ist ein „kosmischer Narzissmus", der die „Allsympathie" mit ihrem Vergänglichkeitswissen zum Zentrum hat. Das „ozeanische Gefühl", jenes Wohlgefühl, das Thomas Mann im freien Strömen der Assoziationen, in der freien Verfügbarkeit der Welt im Wort erfahren hat, ist das Höchste, was seine Kunst erfassen und auf andere übertragen kann. Dass dieses Gefühl vergänglich ist, erhöht nur seinen Wert. Die Kunst hat es dann auch als ein endliches darzustellen, sie würde sonst unwahr. Lust und Last, Wohl und Weh gehören in der menschlichen Existenz zusammen. Krull kann glücklich sein und bleiben, weil er nur eine illusionäre, eine formale Existenz ist. Dem alten Thomas Mann bleibt demgegenüber der Schmerz angesichts der Endlichkeits- und Ohnmachtserfahrungen nicht erspart. Er versucht, Verzweiflung und Leiden mit Hilfe jenes Humors zu besiegen, der sagt – so steht es bei Freud –: „Sieh' her, das ist nun die Welt, die so gefährlich aussieht. Ein Kinderspiel, gerade gut, einen Scherz darüber zu machen!" Von hier aus gesehen sind die ‚Bekenntnisse' nicht einfach ein Nachspiel zum ‚Doktor Faustus'. Sie sind ein Versuch zur Realitätsüberwindung.

Aus: Wysling; Nachwort zu den Gesammelten Werken in Einzelbänden, Frankfurt/M.: Fischer Taschenbuch Verlag 1980, S. 418–438

Die Liebe im Film – ein Auszug aus dem Drehbuch

Aus zwölf mach zweieinhalb
Drehbuchextrakt aus zwölf Seiten Roman

Terrasse Villa Kuckuck

Außen Tag

Halbnah, Fahrt – Felix, Zouzou.

Felix und Zouzou, noch im Tenniskostüm, sitzen auf bequemen Korbstühlen vor einem Tischchen, auf dem sich hohe Limonadengläser befinden. Zouzou hält eine Gitarre oder Mandoline auf dem Schoß, auf der sie gelegentlich klimpert. Sie tut dies besonders dann, wenn sie eine Äußerung ihrerseits zu unterstreichen wünscht.

Zouzou: *Und ich bleibe dabei: die Liebe ist unanständig!*
Felix: *Die Liebe? Wie hart! Der Mensch liebt das Schöne, auch das Hübsche liebt er, wenn es nur weit genug geht und nicht zu überbieten ist auf seine Art. Mit Unanständigkeit aber hat das alles im geringsten nichts zu tun. Wie äußerst hübsch Sie sind, Zouzou, wie bezaubernd – mit Ihren unvergleichlichen Haarzipfeln vor den kleinen Ohren. Und Ihnen dürfte ich nicht von der Liebe sprechen?*
Zouzou: *Nein – denn sobald Sie das tun, weiß ich, worauf Sie es abgesehen haben.*
Felix: *Das wissen Sie gar nicht, reizende Zouzou, und sollten daher etwas vorsichtiger sein.*
Zouzou: *Ich sollte schweigen, nicht wahr? Aber Schweigen ist nicht gesund. Sie machen mir den Hof und was wollen Sie am Ende? Etwas unsagbar Lächerliches. Ich sage unsagbar, aber es ist natürlich gar nicht unsagbar, und ich sage es. Sie wollen, dass wir uns umschlingen, obwohl die Natur uns doch sorgsam voneinander getrennt hat; und dann – oder nicht? – wollen Sie Ihren Mund auf meinen drücken, wobei unsere Nasenlöcher kreuzweise stehen, und einer den Atem des anderen atmet, bis wir völlig von Sinnen kommen und uns aufführen wie Menschenfresser.*

Felix hält einen Augenblick seine Hand über die ihre, ohne sie zu berühren – fährt mit der anderen Hand, wie beschützend, über ihr Haar, ohne ihr Haar zu berühren.

Felix: *Zouzou, Sie tun mir weh, weil Sie der Liebe unrecht tun und dem Kuss, dem zartesten Austausch der Welt, stumm und lieblich, wie eine Blume.*
Zouzou: *Der zarteste Austausch! Der Blumenkuss! Patati, patata! (begleitet diesen abschließenden Ausruf misstönend auf der Gitarre).*
Felix: *Zouzou, Ihre Mama hat Ihnen verboten, hässlich zu mir zu sein.* Maria Pia betritt die Terrasse.
Zouzou: *Mama, ich habe schon wieder patati patata zu dem Marquis gesagt.*
Maria Pia: *Wenn du dich mit unserem jungen Gast zankst, so wirst du dich von ihm trennen!*
Zouzou: *Ich war soeben im Begriff ... (empfiehlt sich mit einem spröden Kopfnicken).*
Maria Pia: *(ihrer Tochter nachblickend, lächelnd zu Felix). Ja, ja, die Jugend ist der Jugend meistens zu jung. Meinen Sie nicht?*
Felix: *(mit einer Kopfbewegung in Richtung des Hauses). Zouzou ist hübsch, das weiß der Himmel – aber Sie Madame, sind eine Schönheit, pure et simple ...*
Maria Pia: *Ich sehe, Sie wissen zu unterscheiden.*
Felix: *Ja – das heißt, ich will im Grunde nicht unterscheiden. Was mir vorschwebt, seit ich Ihrer beider Bekanntschaft gemacht, ist das bezaubernde Doppelbild: Mutter und Tochter – wobei ich gewiss nicht zufällig die Mutter zuerst nenne.*
Maria Pia: *Sie schmeicheln, Marquis, aber Sie tun es mit Anmut ...*

Überblenden

Aus: Die Welt, Nr. 46/23.2.1957, zit. nach: Guido Stein: Thomas Mann. Bekenntnisse des Hochstaplers Felix Krull. Paderborn: Schöningh 1984, S. 112f.

Literaturhinweise

Primärtexte

Mann, Thomas: Bekenntnisse des Hochstaplers Felix Krull, Frankfurt 47 2005 (Taschenbuchausgabe)

Mann, Thomas: Bekenntnisse des Hochstaplers Felix Krull, Frankfurt 1974 (Band 7, in: Gesammelte Werke in 13 Bänden)

Mann, Thomas: Bekenntnisse des Hochstaplers Felix Krull, Frankfurt 2005 (im Rahmen der großen kommentierten Frankfurter Ausgabe; angelegt auf 38 Bände, 2001 – 2015)

Wysling, Hans (Hg.): Thomas Mann. Selbstkommentare. Frankfurt: Fischer Taschenbuch Verlag 1989

Sekundärliteratur

Ermisch, Maren (Red.): 50 Jahre Thomas Manns Felix Krull. Szenen einer schönen Welt. Dokumentenmappe zur Ausstellung im Buddenbrookhaus. Lübeck: Verlag Schmidt-Rönhild 2004

Mayer, Hans: Thomas Mann. Frankfurt 1984

Poser, Hans: Thomas Mann, Bekenntnisse des Hochstaplers Felix Krull. In: Lehmann, Jakob (Hg.): Deutsche Romane von Grimmelshausen bis Walser. Frankfurt: Skriptor 1982, S. 357 – 376

Sebastian, Thomas: Felix Krull. Pikareske Parodie des Bildungsromans. In: Hoffmeister, Gerhart (Hg.): Der moderne deutsche Schelmenroman. Amsterdam: Rodopi Verlag 1986, S. 133 – 145

Schneider, Karl Ludwig: Der Künstler als Schelm. In: Philobiblon 20/1976, S. 2 – 18

Stein, Guido: Thomas Mann. Bekenntnisse des Hochstaplers Felix Krull. Paderborn: Schöningh Verlag 1984

Wysling, Hans: Narzissmus und illusionäre Existenzform. Bern: Francke 1982

Wysling, Hans: Thomas Mann. Ein Leben in Bildern. Frankfurt/M.: Fischer Taschenbuch Verlag 1997